AF199323

Mutiges Hasenherz

Eine Geschichte über Farben,

Freundschaft

und

Mut

BOOKS on DEMAND

„Und plötzlich ist da jemand!
Der kippt einfach ein paar Eimer Farbe in
dein Leben und macht deine Welt wieder
bunt!"

Unbekannt

Dörte Leuchtmann

Mutiges Hasenherz

Eine Geschichte über Farben,

Freundschaft

und

Mut

Bibliografische Information der Deutschen Nationalbibliothek:

Die Deutsche Nationalbibliothek verzeichnet diese Publikation in der Deutschen Nationalbibliografie; detaillierte bibliografische Daten sind im Internet über http://dnb.dnb.de abrufbar.

2. Auflage

Cover: Dörte Leuchtmann und Pixabay

Illustration: Dörte Leuchtmann

Herstellung und Verlag: BoD – Books on Demand,

Norderstedt

ISBN: 9783750432055

Auf einer sonnenbeschienenen Wiese, im saftigen Frühlingsgrün, saß ein kleiner Hase. Er schaute verträumt in die Landschaft und wirkte, als würde er seinen Gedanken nachhängen. Allerdings konnte er sie nicht festhalten, sie waren flüchtig. Aber er wusste, dass er anders war, als die anderen Hasen im Wald. Schon lange zerbrach er sich den Kopf, was mit ihm los war. Oft fragte er sich, ob er etwas falsch gemacht hatte, doch fiel ihm nichts ein. Wenn er seine Eltern frug, dann lachten sie und sagten, dass schon alles in Ordnung sei. Fragte er die anderen Hasen in der Waldschule, lachten sie ihn aus, bezeichneten ihn als Sonderling. Irgendwie hatten sie ja auch Recht! Das sah er jeden Tag in der Schule.

Dort sollte er das bunte Bemalen von Eiern lernen und sie mit schönen Motiven versehen. Doch er konnte nur mit den Farben Schwarz und Grau etwas anfangen. Alle anderen Hasen jedoch bemalten mit den herrlichsten bunten Farben ihre Eier. Sie waren gelb, rot, blau, grün und weiß verziert. Er konnte sich erinnern, dass er dies auch einmal versuchte und ganz stolz mit einem bunten Ei nach Hause kam. Doch seine Eltern waren nicht stolz oder freuten sich darüber, sie nahmen das Ei und verbrannten es. Der Vater erklärte ihm danach sehr eindringlich, dass es hier in dieser Familie keine bunten Eier gibt.

„Wieso ist das so?", fragte der kleine Hase damals nach.

Daraufhin wurde sein Vater wütend, brüllte ihn an, dass er keine Fragen zu stellen habe. Hier mache er die Regeln!

Von diesem Zeitpunkt an, malten der kleine Hase nie wieder mit bunten Farben, sondern nutzte nur noch schwarz.

Vielleicht war es das, was ihn als „Sonderling"
abstempelte.

Schnell schüttelte er den Gedanken ab. Er wollte
sich nicht damit beschäftigen. Wenn es schon
immer keine bunten Eier in seiner Familie gegeben hatte, dann nahm er das so hin. Besser war
– das hatte er am eigenen Körper zu spüren bekommen. Jedoch regte sich tief in ihm eine kleine
leise Stimme, die von bunten Farben träumte, die
gerne über die Wiese rennen und dabei die Blume pflücken möchte. Eine Stimme, die gerne
lachen, singen und tanzen würde, die das Leben
in all seiner Vielfalt sehen will.

Noch einmal schüttelte er sich. Solche Gedanken
sollte er nie nie niemals haben.

Der kleine Hase konnte förmlich seine Eltern hören, die sagten, dass er nicht so viele Flausen im
Kopf haben soll. Bevor er weiter von einem Leben
träumte, was er nie führen könnte, stand er auf
und machte sich langsam auf den Weg nach Hause. Der Hasenbau seiner Familie lag am Waldesrand. Weit ab von allen anderen.

Als der Hasenjunge die Tür zum Bau öffnete, sah
er, dass sein Vater mit strammem Schritt auf und
ab stapfte. Die langen braunen Schlappohren
waren nach hinten abgelegt, das Gesicht zu einer
grimmigen Grimasse verzogen. Aus Erfahrung
wusste er, dass das meist Ärger bedeutet. Der
Hasenvater erblickte den Heimkehrer und polterte sofort los.

„Wo bist du gewesen, du Herumtreiber?"

Sofort zog der Hase seinen Kopf ein und antwortete leise: „Ich war draußen auf der Wiese."

„Du bringst aber auch nichts zu Stande! Vertrödelst deine Zeit, lässt deine Mutter mit dem Abendessen warten und gibst mir noch freche Antworten!"

„Ich hab dir doch nur gesagt, wo ich gewesen bin", erwiderte er kleinlaut.

„Und jetzt hast du auch noch Wiederworte!"

Der Hasenvater redete sich immer mehr in Rage. Wütend kam er auf den Hasenjungen zu und packte ihn mit seinen Pfoten an den Ohren.

„Sowas dulde ich in meinem Bau nicht! Verschwinde hier! Ich will dich heute nicht mehr sehen."

Um seine Worte zu bekräftigen schliff er den kleinen Hasen an den Ohren zu seinem Zimmer. Der wusste gar nicht wie ihm geschah, suchte Schutz in einer Zimmerecke. Was war da gerade nur geschehen? Keine Ahnung! In Gedanken ging er einige Punkte durch, auf die sein Vater stets Wert legte.

Er war pünktlich zu Hause gewesen - Pünktlichkeit.

Sein Fell war ordentlich geputzt – Sauberkeit.

Auf seine Frage wo er gewesen sei, hatte wahrheitsgemäß geantwortet – Ehrlichkeit und Loyalität.

Pünktlichkeit, Sauberkeit, Ehrlichkeit, Loyalität - dies war das Motto seines Vaters und genauso wichtig, wie Traditionen zu bewahren. Der kleine Hase konnte sich nicht daran erinnern, dass ihm dabei heute ein Fehler unterlaufen war. Doch was wusste er schon? Sein Vater wird schon einen Grund gehabt haben, wieso er ihn an den Löffeln in sein Zimmer brachte. Schließlich war er ein junger Hase und die brauchen eine strenge Hand, um gut erzogen zu werden. Dies pflegte der Vater stets zu sagen.

Vorsichtig machte der kleine Hase es sich in der Ecke bequem, rollte sich klein zusammen. Sich der Länge nach ausstrecken, dass traute er sich nicht. Vielleicht schaffte er es diese Nacht ein bisschen zu schlafen, um am Morgen ausgeruhter in die Hasenschule zu gehen. Langsam fielen ihm die Augen zu. Doch immer wieder schreckte er hoch, horchte ob sich draußen etwas regte. Doch es blieb mucksmäuschen still. Stets die Wand im Rücken und die Tür im Blick, übermannte ihn der Schlaf. Unruhig schlummerte er, bis die Sonne aufging, die Blätter im Wald leuchtend grün erstrahlten. Als der Hasenjunge die Augen öffnete, konnte er seine flauschige graue Decke sehen und neben ihm, auf dem Boden, lag eine Möhre, sowie ein Becher mit warmen Kräutertee. Ein sanftes Lächeln umspielte seine Lippen. Seine Mutter musste ihm früh morgens die Kleinigkeit gebracht haben. Vielleicht als Entschädigung dafür, dass er gestern Abend ohne Essen in sein Zimmer geschickt wurde. Erleichtert atmete er auf. Seine Mama hatte ihn doch noch lieb, wenn sie ihm heimlich, hinter dem Rücken des Vaters, etwas zu essen brachte und ihn zudeckte. Wie schon in der Nacht stellte der kleine Hase vorsichtig seine Löffel auf, konzentrierte sich ob er in der Küche etwas hören konnte. Tatsächlich konnte er das leise Summen seiner Mutter vernehmen. Immer noch müde stand er auf, knabberte ein wenig an der Karotte und trank einen Schluck Tee. Seine Glieder waren über Nacht ein wenig steif geworden. Mühsam reckte und streckte er sich, ging in die Küche. Er bedankte sich bei seiner wortlos, in dem er ihr eine Pfote sanft auf die Schulter legte. Bei der Berührung zuckte sie leicht zusammen, lächelte ihren Sohn aber sogleich zaghaft an. Dann deutete sie ebenso wortlos auf die Uhr.

Oh je, es war schon ziemlich spät und er musste sich beeilen, um noch pünktlich zum Unterrichtsbeginn in der Schule zu sein. Hektisch stopfte er seine Sachen in eine Tasche und hoppelte so schnell ihn seine Pfoten trugen quer durch den Wald. Gerade noch rechtzeitig kam er auf der kleinen Lichtung an, worauf ein kleines Holzhaus stand. Die Lehrerin, Frau Elster, stand bereits in der Tür und ließ die aufgeregten jungen Hasen ins Innere. Froh beobachtete sie, wie der kleine Hase im schnellen Galopp auf den Eingang zu rannte. Sie begrüßte ihn jeden Morgen mit seinem Namen, was für ihn etwas ganz besonderes war, und hatte immer ein freundliches Wort für ihn über.

„Langsam, langsam Max", rief sie ihm entgegen.

Sofort drosselte er sein Tempo, kam dennoch völlig außer Atem an der Eingangstür an.

„Hol erstmal Luft und dann komm zu uns hinein", sagte Frau Elster.

„Es geht schon wieder", antwortete der kleine Hase und schämte sich sofort für die Sonderbehandlung.

Auf Pfotenspitzen betrat er das Schulgebäude und bemühte sich, seinen Atem ruhig und gleichmäßig gehen zu lassen. Auch wenn seine Lunge vom schnellen Rennen brannte. Die anderen Hasenkinder starrten ihn unverhohlen an. Er konnte hören, wie sie, hinter seinem Rücken, über ihn tuschelten. Sie verstummten allerdings, als Frau Elster nach vorne trat und um Ruhe bat. Der kleine Hase setzte sich, ein wenig abseits, an einen Tisch und versuchte aufmerksam zuzuhören, was Frau Elster erklärte. Heute gelang ihm dies auch ein wenig besser, als die letzten Tage, denn er hatte sich die Nacht ein wenig ausruhen können.

„Heute wollen wir gemeinsam Eier bemalen", erklärte Frau Elster, „ihr wisst, dass wir damit den Menschen eine Freude machen. Jedes Jahr gibt es einen Tag im Frühling, an dem sie rausgehen und bunte Eier suchen. Besonders die Kinder freuen sich. Unsere Aufgabe ist es die Eier farbenfroh zu gestalten."

Ein Hasenjunge aus den hinteren Reihen meldete sich.

„Justus, was möchtest du fragen", sagte die Lehrerin.

„Ist schwarz auch eine Farbe?", fragte er und schaute dabei in die Richtung des kleinen Hasen.

Frau Elster antwortete darauf ernst: „Ja, schwarz ist auch eine Farbe. Doch heute bemalen wir sie bunt und das bedeutet, dass jeder so viele Farben benutzen kann, wie er möchte."

„Aber dann ist Max falsch hier", stichelte Justus weiter, „er malt sie doch eh nur schwarz an. Er kann gleich wieder nach Hause hoppeln."

„Justus, sowas möchte ich hier nicht hören", sagte Frau Elster beherzt, „auch Max darf hier sein und er darf die Eier so anmalen, wie er es gerne möchte."

Während der kurzen Unterhaltung war der kleine Hase war auf seinem Platz in sich zusammengesunken. Er schämte sich, fühlte sich schuldig, dass er keine bunten Eier zu dem Frühlingsfest beisteuern konnte.

Seine Familie bemalte die Eier schon immer schwarz und der Vater legte großen Wert darauf. Alleine der Gedanken daran, dass er sich mit bunten Farben beschäftigte, würde seinen Vater dazu veranlassen ihm das Fell über die Ohren zu ziehen. Da verstand er keinen Spaß. Die Familientradition war unantastbar. Diskussionen hierzu wurden niemals geführt. Jeden Nachmittag, wenn der Hasenjunge aus der Schule kam, prüfte der Vater die Pinsel. Dabei kontrollierte er genau, ob sich wirklich nur schwarz daran befand oder ob sich nicht doch eine Spur weiß, rot, grün oder blau mit hineingemischte. So sehr sich der kleine Hase auch bemühte immer mit schwarz die Eier zu bemalen, passierte es manchmal, dass er ausversehen seinen Pinsel in rot oder gelb tunkte. Doch kaum, dass dies geschah, wusch er ihn wieder aus und tauchte ihn in die, von seinem Vater erwünschte, schwarze Farbe.

Frau Elster hatte dies schon einige Mal beobachtet, konnte jedes Mal die Schuldgefühle im Blick ihres Schülers sehen. Sie versuchte ihn stets zu ermutigen, dass alles in Ordnung ist und er auch eine andere Farbe ausprobieren darf, doch er schüttelte jedes Mal nur mit dem Kopf, ließ die Ohren hängen und malte ein Ei schwarz an. Die Sticheleien der anderen machte es für ihn nicht leichter.

Nach und nach holten sich die Schüler frische Eier zu ihren Plätzen und malten diese bunt an. Einige verzierten sie mit weißen Schnörkeln oder zeichneten Motive auf. Doch der kleine Hase, tunkte seinen Pinsel immer wieder in die tief dunkle Farbe und bemalte damit ein Ei nach dem anderen. Seufzend schaute Frau Elster ihren Schützlingen zu. Manche Hasenkinder redeten miteinander, lachten und scherzten so sehr, dass sie immer wieder schauen musste, dass sie sich auch wirklich beim Eierbemalen noch konzentrieren konnten. Währenddessen saß der kleine Hase am Rand und war still bei seiner Aufgabe. Schon oft war ihr aufgefallen, dass er mit keinem anderen sprach, sich in den Pausen zurückzog. Zu Beginn des Schuljahres war er immer wieder auf seine Mitschüler zugegangen, aber so richtig wollte ihm der Anschluss nicht gelingen. Er sei so anders, sagten sie. Würde nicht sprechen, stetig verträumt auf der Wiese sitzen und dieses ewige malen mit nur einer Farbe konnte doch nicht gesund sein. Das der Vater auch nur mit einer Farbe die Eier bemalte, erachteten die anderen Waldbewohner als seine Arbeit und wenn jemand seine Familie ernähren konnte, ohne auf das Wohlwollen anderer angewiesen zu sein, dann schätzten sie das alle sehr.

„Bitte räumt eure Farben weg und bringt mir eure bemalten Eier", leitete Frau Elster das Ende der Malstunde ein.

Gewissenhaft wusch der kleine Hase seinen Pinsel aus und kontrollierte genau, dass wirklich nur schwarze Farbe an ihm haftete. Er hatte zwar mit nichts anderem gemalt, jedoch wollte er sich ganz sicher sein. Während alle anderen Hasen fröhlich nach draußen liefen, sich freuten dass die Zeit des still sitzen vorbei war, trottete der Hasenjunge langsam hinterher.

„Bis morgen Max", verabschiedete sich die Lehrerin von ihm, strich ihm mit ihren Flügeln vorsichtig übers Fell. Wie seine Mutter am Morgen, zuckte auch er fast unmerklich zusammen. Der Hasenjunge erwiderte leise den Gruß. Dann schulterte er seinen kleinen Beutel und trat langsam den Heimweg an. Wie so oft hing der kleine Hase seinen Gedanken hinterher, trottete den üblichen Heimweg. Der Pfad war vom Vater bestimmt. Eine Abweichung wurde nicht geduldet, es sei denn, er gab ausdrücklich seine Erlaubnis dazu. Einmal hatte er sich getraut nachzufragen, wieso das so war. Doch er erhielt als Antwort, dass er nicht in der Position sei Dinge zu hinterfragen und mit solchen kleinen Rotzlöffeln, wie er es sei, diskutiere der Vater nicht.

Seine Gedanken lenkten ihn so ab, dass er gar nicht bemerkte wie ihm jemand folgte. Und so war er sehr überrascht als vor ihm ein kleines Küken aus dem Gebüsch sprang. Vor Schreck piepste er einmal auf, um sich gleich danach die Pfoten vor den Mund zu schlagen, sodass kein Ton mehr seine Lippen verließ. Wie vom Blitz berührt, stand er stocksteif auf dem Weg und betrachtete sein Gegenüber. Dort positionierte sich, noch mit seiner Eierschale auf den Kopf und roten Gummistiefeln mit weißen Punkten, ein Küken. Kess hatte es seine kleinen Flügel in die Seiten gestemmt.

„Wo bist du denn mit deinen Gedanken?", fragte es den kleinen Hasen geradeheraus.

Der war so perplex, dass er nur stammelnd die Wörter hervorbrachte „Ich ich bbbin aauuf dddem Wwwweg nnach Hhhause."

„Hast du mich gar nicht gehört?"

Langsam schüttelte der kleine Hase den Kopf.

„Dann warst du aber mit deinen Gedanken ganz weit weg. Meine Gummistiefel sind mir noch ein wenig zu groß. Weiß du, ich trage die von meinen Geschwistern auf, die sind schon herausgewachsen. Naja und deswegen schluppe ich darin. Da hört mich meine Mama schon von weitem", plapperte das Küken munter drauf los und um zu beweisen, wie sehr es in seinen Gummistiefeln schluppte, ging es ein paar Schritte auf den kleinen Hasen zu. Dieser wich instinktiv ein kleines Stückchen zurück.

„Du brauchst keine Angst vor mir zu haben. Ich tu dir nichts."

„Da bin ich mir noch nicht so sicher", murmelte der Hase leise.

„Wie bitte?"

„Ach nichts! Tut mir leid."

„Du brauchst dich nicht zu entschuldigen. Hast doch nichts falsch gemacht."

Der kleine Hase schaute verständnislos. Das hatte ihm noch keiner gesagt. Im Gegenteil: Wenn er sich für einen Fehler entschuldigte, gab es Ärger, weil er diesen nicht hätte machen müssen, wenn er gewusst habe, dass es ein Fehler war. Und machte er keinen Fehler und entschuldigte sich nicht, so war es auch nicht richtig.

„Ich habe dir gar nicht gesagt wie heiße", sagte das Küken, „mein Name ist Elli. Das bedeutet sonnig und meine Eltern sagen, dass ich ein Sonnenschein bin, denn ich würde jeden Tag ihr Leben mit genauso viel Wärme erfüllen, wie die Sonne an einem herrlichen Sommertag. Ach je, ich plappere schon wieder so viel. Wie ist denn dein Name?"

Der kleine Hase überlegte. Er hatte so viele Namen. Am liebsten mochte er Max. So nannte ihn seine Lehrerin. Die Mutter rief ich manchmal Mäxchen, während der Vater ihn gerne als Nichtsnutz, Idiot oder Herumtreiber rief.

„Ich bin der kleine Hase", stellte er sich letztendlich Elli vor.

Elli stutze, denn ein Hase war er in der Tat und klein war er auch. Doch das war doch kein Name oder etwa doch?

„Darf ich dich ein Stück auf deinen Heimweg begleiten?" fragte sie stattdessen.

Jetzt war der Hasenjunge an der Reihe stutzig zu schauen. Dies hatte ihn bisher auch noch niemand gefragt. Schön wäre es schon zur Abwechslung mal nicht alleine durch den Wald zu gehen. Doch war das erlaubt? Ganz zögerlich willigte er vorsichtig ein. Zunächst gingen die beiden schweigend nebeneinander her. Der kleine Hase wusste nicht worüber er sich mit dem Küken unterhalten sollte.

„Meine Mama hat mir erzählt, dass ihr die Eier immer schwarz anmalt", plapperte das Küken an seiner Seite munter drauf los, „wieso macht ihr das?"

Der Hase zuckte mit den Achseln. Erklärt hatte ihm das nie einer. Es war halt so. Und woher wusste dieses neugierige Federvieh das überhaupt?

„Das ist schon immer so", antwortet er ausweichend.

„Und wirst du das auch immer so machen?"

„Ich weiß es nicht."

„Was wirst du dann machen?"

„Ich weiß es nicht."

Schnell schüttelte sich der kleine Hase, wollte so das aufkommende ungute Gefühl verscheuchen, denn gerade war er nicht loyal. Das Küken schaute zum Hasen auf. Der ging, mit dem starren Blick auf den Waldboden gerichtet, Schritt für Schritt seinen Weg. Als sie an eine Weggabelung kamen sagte der Hase: „Ich glaube, es ist besser, wenn ich die letzten Meter alleine gehe."

„Hast du Angst, dass uns jemand sieht?"

„Nein, das nicht direkt. Doch ich möchte nicht, dass mein Vater dich sieht. Der reagiert manchmal so komisch, wenn ich mit anderen rede, die nicht zu unserer Familie gehören."

„Meine Mama sagt immer, dass ich viel zu neugierig bin und meine winzige Nase in Dinge halte, die mich nichts angehen. Aber das ist mir egal. Können wir uns wiedersehen und gemeinsam durch den Wald gehen?"

„Ich weiß nicht", sprach der kleine Hase zögerlich.

„Aber ich", erwiderte Elli energisch, „morgen zur gleichen Zeit!"

Dies war keine Frage, sondern eine Feststellung. Der Hase nickte zustimmend, wusste aber nicht so recht, was er davon halten sollte. Als er das letzte Stück des Heimweges alleine zurücklegte, war sich der Hase sicher, dass es besser wäre seinen Eltern nichts von dem Küken zu erzählen oder Fragen nach dem heutigen Tag geschickt auszuweichen, um nicht unehrlich sein zu müssen. Die konnte den Zorn des Vaters heraufbeschwören.

Zu Hause angekommen, begrüßte ihn die Hasenmutter mit einem sanften Lächeln und einer Portion von ihrem warm duftenden Möhrentopf. Schweigend löffelte er seine Suppe. Die Ruhe, die ihn in diesem Moment umgab, währte nicht lange. Die Suppe war gerade mal zur Hälfte gegessen, als die Tür aufgerissen wurde und der Vater mit wutverzerrtem Gesicht in ihr stand. Sofort polterte er drauf los: „Was muss ich da heute über dich hören?"

Der kleine Hase duckte sich instinktiv zur Seite.

„Hast du mir nicht was zu sagen?"

Schnell überlegte der Hase. Vom Küken konnte er nichts wissen, hoffte er zumindest. Ansonsten fiel ihm nichts ein. Vorsichtig schüttelte er den Kopf.

„Du wagst es mich anzulügen? Dir werde ich helfen, deine Erinnerungen wiederaufzufrischen!"

Bevor er sich versah, war der Vater mit zwei langen Hopsern bei ihm und packte ihn an den Löffeln, zog ihn quer durch den Raum bis zu seinem Zimmer. An der Türschwelle schubste er ihn hinein, kam hinterher und machte die Tür zu.

Während die Mutter leise den Abwasch erledigte, lag der kleine Hase zusammengekauert in einer

Zimmerecke, rührte sich kaum. Nur wer ganz genau hinschauen konnte, der sah kleine Atembewegungen. Der Hasenvater war so wütend gewesen und das nur, weil er heute Morgen fast zur Spät zur Schule gekommen war. Er überlegte, wer es ihm gesagt haben könnte. Doch ihm fiel niemand ein. Dies machte ihm Angst. Er hatte das Gefühl, als würde er niemand vertrauen können. Nicht auszudenken, was passiert wäre, wenn der Vater von dem Küken erfuhr.... Der Kopf tat ihm so weh, dass er kaum nachdenken konnte. Vorsichtig versuchte er eine Position auf dem Boden zu finden, die nicht allzu sehr schmerzte. Doch da suchte er vergebens und irgendwann dämmerte er in einen unruhigen Schlaf – mal wieder.

****

Am Morgen brauchte der kleine Hase lange um den schmerzenden Körper zum Aufstehen und Gehen zu überreden. Mühsam ging er in die leere Küche. Heute wollte er nicht Gefahr laufen zu spät zu kommen und so machte er sich gleich auf den Weg zur Schule. Der Weg war beschwerlicher als sonst, da ihm jeder Schritt schwerfiel. Wie immer wartete Frau Elster an der Schultür. Als sie ihr Schützling über die Wiese hinken sah, lief sie ihm entgegen und breitete schützend die Flügel über ihm aus.

„Was ist mir dir passiert, Max?", fragte sie ihn besorgt.

„Nichts, es ist alles gut. Es geht schon!", antwortete er mit zusammengebissenen Zähnen. Es war ihm ein unangenehm, dass sich seine Lehrerin Sorgen um ihn machte. Langsam begleitete Frau Elster ihn in das Schulgebäude und half ihm, sich auf seinen Platz zu setzen. Sowie er über die

Türschwelle trat, tuschelten die andern Hasen-kinder wild drauf los und er konnte den einen oder anderen Satzfetzen verstehen.

„… bestimmt über seine schwarzen Farbtöpfe gestolpert…"

„… Trottel!"

„… will doch nur Mitleid!"

„… tja, wenigstens kann er ordentlich einste-cken!"

Frau Elster hatte gut damit zu tun die Klasse zu beruhigen. Ärgerlich standen ihr einige Federn vom Körper ab. Der kleine Hase wusste nicht genau, was sie so verärgert hat. Vielleicht weil er nicht so gut laufen konnte wie alle anderen heute oder weil sie ihm helfen musste? Das sie wo möglich wütend auf die anderen Hasenkinder war, die sich über ihn lustig machten, zog er nicht in Betracht. Während alle anderen dem Unterricht lauschten, wo es heute um die Zu-sammensetzung einzelner Farben ging und wo sie in der Natur zu finden waren, schweiften seine Gedanken immer wieder ab. Er konnte sich ein-fach nicht auf das konzentrieren, was Frau Elster erzählte. Es verging einfach die Zeit um ihn und er starrte ein wenig ins Leere.

Als die Lehrerin die Schulglocke läutete, zuckte der kleine Hase zusammen. Wie nach einem Weckruf stand er langsam auf. Erst da bemerkte er, wie sehr der Körper schmerzte. Während es die anderen Hasenkinder munter zur Tür und auf die Lichtung hoppelten, bewegte er sich langsam zur Tür.

„Max, bitte warte kurz", sagte Frau Elster leise.

Unsicher, ja sogar ein wenig ängstlich, drehte er sich zu ihr um. Mit sanfter Stimme fragte sie: „Möchtest du mir erzählen, was passiert ist?"

Der kleine Hase schüttelte den Kopf.

„Du kannst es mir sagen. Ich werde es auch keinem weitersagen", versuchte sie es noch einmal.

Das sagt sie jetzt, dachte sich der Hasenjunge. Doch irgendwoher hat der Vater auch gewusst, dass er gestern fast zu spät in der Schule gewesen ist. Besser kein Risiko eingehen...

„Es ist wirklich alles in Ordnung. Ich war nur ein wenig tollpatschig."

Die Lehrerin seufzte und erwiderte: „Du kannst jederzeit zu mir kommen, wenn du etwas hast."

Ohne ein weiteres Wort oder Geste des Verständnisses zu zeigen, wendete sich zum Gehen. Hopser für Hopser hoppelte er zum Waldrand. Dort stand bereits Elli. Ohne Begrüßung sagte sie nur: „Komm, lass uns einen Teil deines Weges gemeinsam gehen!"

Schweigend gingen sie nebeneinander her. Auf dem ganzen Weg sprachen sie kein Wort miteinander. Es fühlte sich stimmig an, so als würde die Stille bereits alles sagen. An der Weggabelung schaute das Küken zu ihm auf, lächelte und sagte: „Bis morgen! Wieder an der gleichen Stelle."

Der kleine Hase nickte und ihre Wege trennten sich für den heutigen Tag.

****

So vergingen viele Tage.

Jeden Tag wurde der Hasenjunge von dem Küken abgeholt. Mal sprachen sie miteinander, mal gingen sie schweigend nebeneinander her. Langsam fing der kleine Hase etwas ruhiger zu werden, wenn er mit Elli gemeinsam ging. Manchmal beobachtete er es verstohlen von der Seite und war erstaunt, wie leicht sich das Küken bewegte. Die Bewegungen waren nicht schwerfällig oder schienen von Schmerzen gezeichnet. Sie wirkten sanft und weicht fast so, als würde es tanzen. Er ertappte sich dabei, wie er sich wünschte, auch einmal so leicht zu sein. Schnell verbannt er den Gedanken aus seinem Kopf. Das brachte nur Schwierigkeiten und lenkte ihn von seiner Aufgabe, die Eier schwarz zu bemalen, ab. Damit er seine Daseinsberechtigung auch nie vergaß, hatte der Vater ihm vor einigen Tagen das Fell seiner Pfoten schwarz angemalt.

„Damit du gar nicht erst an andere Farben denkst", hatte er gesagt, „schwarz überdeckt jede andere Farbe. Sie hat keine Chance sich dagegen durchzusetzen."

In dem Moment fühlte er sich jeder Hoffnung beraubt, dass er jemals etwas Anderes machen dürfte als das.

****

An einem warmen Frühlingstag, einer an dem die Blumen ihre Köpfe der Sonne entgegenreckten, überbrachte das Küken dem kleinen Hasen eine Einladung.

„Meine Mama würde dich gerne kennenlernen und hat gesagt, ich soll dich mal mit zu uns in den Stall bringen."

Der kleine Hase war für einen kurzen Moment ganz Starr vor Schreck. Eine Einladung? Sowas hatte er noch nie bekommen. Fieberhaft überlegte er, wie er sich herausreden könnte, doch da sprach das Küken schon weiter.

„Du brauchst gar nicht nachdenken, wie du der Nummer entkommen kannst. Wenn du nein sagst, wird sie dich wieder einladen."

„Aber ich habe doch gar nichts, was ich ihr mitbringen kann", unternahm der kleine Hase einen kläglichen Versuch, denn er wusste, dass es höflich war dem Gastgeber eine Kleinigkeit mitzubringen. Ohne zu zögern bückte sich das Küken, pflückte eine Blume am Wegesrand und reichte sie dem Hasen.

„Problem gelöst!"

Freudestrahlend spazierte Elli vor dem Hasen her, der mit seiner Blume in der Hand folgte. Er hoffte inständig, dass sein Vater es nicht mitbekam, wo er den heutigen Nachmittag verbrachte. Es würde das Donnerwetter seines Lebens erleben. Immer wieder blickte er sich um, wollte sichergehen, dass ihnen auch niemand folgte. Schon leises Rascheln veranlasste ihn dazu herumzuspringen. Elli ließ sich davon nichts anmerken. Sie tat so, als wäre es das Normalste auf der Welt jemanden mit nach Hause zu nehmen, doch für den kleinen Hasen war es absolutes Neuland. Als sie aus dem Wald heraustraten, tat sich vor ihnen ein großes Feld auf und am Rande dessen stand ein kleiner Stall.

Kurz blieb der kleine Hase stehen und schaute sich um. Hier war er noch nie gewesen. Das Feld und der Stall wirkten wie eine ganz andere Welt. Alles schien so freundlich und fröhlich. Im Wald war es zwar auch hell, doch die Sonne brachte dort die Umgebung nicht zum Strahlen. Ein wenig dunkel blieb es immer. Hier hingegen war die Wiese leuchtend grün, das gelbe Korn auf dem Feld badete im Licht und der rote Klatschmohn zeigte seine intensive Farbe. Es brauchte einen Moment bis sich der Hasenjunge an die Helligkeit gewöhnte. Erst jetzt fiel ihm auf, wie dunkel es doch im Wald gewesen war.

„Ist es nicht schön hier?", fragte Elli.

Der kleine Hase konnte nicht antworten, so sprachlos war. Das Küken nahm behutsam seine Pfote in ihren Flügel und führte ihn in Richtung des Stalls. Je näher sie ihm kamen, umso mehr konnte er das Gackern der Hühner hören. Aber es war nicht das laute von erwachsenen Hühnern, sondern mehr ein aufgeregtes hohes Gackern, wie von Küken.

„Hast du noch Geschwister?", fragte der Hase.

„Aber sicher doch, insgesamt sind wir zu fünft. Plus Mama und Papa."

Am Stall sah der kleine Hase eine mollige Henne stehen, die allerhand damit zu tun hatte die weiteren vier Küken zu hüten. Sie flitzten um sie herum, stupsten immer wieder in die Federn und lachten laut, wenn sich um die eigene Achse drehte um nachzuschauen, wer von ihnen es gewesen ist. Dabei lachte sie herzhaft. Das hatte der Hasenjunge noch nie gesehen – eine Mutter die lachte.

„Wie schön euch zu sehen", sagte die Henne, als sie ihre Tochter und den Hasen entdeckte. Mit ausgebreiteten Flügeln kam sie ihnen ein Stück entgegen, als sie bemerkte, dass der kleine Hase daraufhin einen Schritt nach hinten machte, ließ sie sie sofort sinken. Elli nahm ihn beherzt erneut an die Pfote, ging mit ihm auf die Henne zu. Schüchtern und mit gesenktem Blick gab der Hasenjunge die eben gepflückte Blume der Henne.

„Ich habe Ihnen ein Blume mitgebracht", sagte er schüchtern, „Danke, dass ich Sie und Ihre Familie besuchen darf."

„Ach selbstverständlich! Die Blume ist wunderschön! Und bitte sag Du und nenn mich Rosi! Setzt euch!" Sie deutete auf die Strohnester auf dem Boden. Diese wirkten einladend weich, so dass der kleine Hase gerne Folge leistete.

„Ich freu mich so sehr dich kennenlernen zu dürfen. Elli hat mir schon von dir erzählt."

Das Küken errötete.

„Mama, du muss nicht alles petzen!"

„Ich petze nicht, ich sag nur wie es ist. Wie ist dein Leben im Wald? Was machen deine Eltern?

Gleich zu Beginn solche Fragen… Damit hatte der Hase nicht gerechnet. Also versuchte er seine Antwort so vage wie möglich zu formulieren.

„Das Leben dort ist schön, zwar etwas dunkler als hier auf dem Feld, doch dafür gibt es viel mehr unterschiedliche Grüntöne. Meine Eltern sind in der Eierbemalungsbranche tätig."

„Oh, dann habe ich bestimmt schon mal an sie geliefert. Wo wohnen sie denn? Wohnorte kann ich mir besser merken als Namen."

„Wir wohnen am Waldesrand."

„Da kann ich mich nicht erinnern einmal Eier hingebracht zu haben. Aber vielleicht die Nachbarn. Ich hör mich mal um, von wem ihr eure Eier bezieht."

„Das ist nicht nötig! Sie brauchen sich keine Umstände zu machen", winkte der kleine Hase schnell ab. Oh je, welche Ausmaße es zu Hause annehmen würde, wenn die Henne Fragen stellte! Gar nicht auszudenken!

„Du, mein Lieber. Wir hatten uns aufs Du geeinigt."

„Entschuldigen Sie… ähm … entschuldige bitte", antwortete der Hase rasch, in der Hoffnung keine Schelte zu bekommen.

Plötzlich spürte er eine Berührung an seinem Puschelschwänzchen und bemerkte nur, wie sich Rosi vor ihm aufbaute. Aus Reflex zog er den Kopf zwischen seine Schultern, ließ die Ohren hängen und versteifte sich.

„Was soll das denn? Hab ich dir etwa beigebracht so vorlaut zu sein?", sprach die Henne aufgebracht.

Oh je, was hatte er nur falsch gemacht? Kaum hier und schon nicht brav gewesen. Reflexartig hielt er die Luft an. Erst langsam realisierte er die piepsige Stimme hinter sich, die erwiderte: „Nein Mama, aber der sieht so flauschig aus."

„Dann fragst du das nächste Mal bitte und wenn es in Ordnung ist, kannst du schauen, ob etwas sich wirklich so anfühlt, wie es aussieht. Und was machst du jetzt?"

In das Blickfeld des kleinen Hasen drängte sich ein schuldbewusst dreinblickendes Küken.

„Es tut mir leid", sagte es, „ich wollte nicht zu neugierig sein und dir am Fell ziehen."

Leise wagte sich der Hase weiter zu atmen, dabei entspannte sich seine Körperhaltung ein wenig. Das Küken hingegen lief piepsend zu den anderen. Elli schüttelte den Kopf und murmelte etwas, was sich wie „kleine Nervensäge" anhörte. Doch es war nicht mit Hass gesprochen, sondern klang sich nach etwas an, was er selber kaum kannte – Liebe und Wohlwollen. Rosi schien es nicht entgangen zu sein, dass sich der kleine Hase für die Auseinandersetzung verantwortlich fühlte. Beruhigend sprach sie: „Ich liebe alle meine Kinder, doch manchmal sind sie ganz schön frech. Mach dir keine Sorgen, du hast nichts falsch gemacht."

Elli fragte den Hasen, ob er Lust hätte mit ihr und ihren Geschwistern fangen zu spielen, während ihre Mutter das Abendessen zubereitet. Nur zu gerne willigte er ein. Doch wurde dieses Fangen gespielt? Die Küken nahmen sich viel Zeit und zeigten ihm, wie sie voreinander wegrannte, während einer hinter ihnen herlief und versuchte sie an der Schulter zu berühren, also zu fangen. Nach und nach verstand er das Spiel und tobte ausgelassen mit Elli und den anderen am Feld entlang. Manchmal lachte er sogar, wenn sich ein Küken im Laufen verhaspelte und sich fast überschlug oder, wenn sie versuchten ihm beim Hakenschlagen nachzumachen. Für den Moment fühlte es sich alles leicht und unbeschwert an. Er war gerade dabei vor Elli wegzulaufen, als er vor sich zwei große, stramme Hühnerbeine entdeckte erblickte.

„Was macht ihr hier?", fragte der Kopf der Beine in die Runde, „lasst ihr wieder eure Mutter alleine alles machen und vergnügt euch hier draußen?"

Ein zweites Mal an diesem Nachmittag zuckte der kleine Hase zusammen und zog den Kopf zwischen seine Schultern ein.

Elli bremste hinter ihm ab, schaute nach oben und antwortete: „Ja!" Dabei lächelte sie.

Innerlich machte sich der Hasenjunge auf ein Donnerwetter gefasst. Doch wieder geschah nichts. Im Gegenteil: Der Hahn lachte, strich Elli über den Kopf und kniete sich dann in den Sand, um seine anderen Kinder zu begrüßen. Völlig verwirrt, von den ganzen neuen Eindrücken, trat er ein Stück zur Seite. Alles war so anders. Wenn er sich das, was er heute gesehen hatte, bei seinen Eltern wagen würde, käme er wahrscheinlich nie wieder auf die Pfoten.

„Und wer ist euer neuer Freund?", fragte der Hahn bei seinen Kindern nach.

„Das ist der Hase", antwortete Elli.

„Aber Hase ist doch kein Name, sondern eine Tierart", erwiderte der Hahn.

„Dasselbe habe ich auch gedacht, als ich ihn kennengelernt habe. Aber er hat mir seinen Namen nicht verraten und ich wollte ihn nicht drängen.

„Hallo Hase", begrüßte der Hahn ihn, „ich heiße Toni. Magst du mit uns zu Abend essen?"

Zu Abendessen? Erschrocken blickte der kleine Hase in den Himmel. Die Sonne stand bereits tief am Horizont. Ärger war bereits vorprogrammiert, aber je später es wurde, umso größer würde dieser ausfallen. Deswegen antwortete er: „Es tut mir leid, aber ich glaube, ich muss nach Hause."

„Dann sehe ich dich morgen wieder", sagte Elli, „ich bin wie immer da."

Dankbar, dass sie ihm nicht böse war, lächelte er zaghaft.

„Ich bringe dich noch bis zum Waldrand", bat Toni an.

Schweigend ging der kleine Hase neben dem großen Hahn her. Er wusste nicht, was er erzählen konnte. Als sie am Waldrand angelangt waren, beugte sich der Hahn zu ihm runter, legte ihm seinen Flügel auf die Schulter und sagte: „Wenn du jemals Hilfe brauchst oder in Schwierigkeiten steckst, dann kannst du mir das sagen. Ich werde dir dann helfen so gut ich kann. Bei uns bist du jederzeit herzlich willkommen."

Der kleine Hase war sprachlos. So ein Angebot hatte er noch nie bekommen. Mit peinlich berührt ging er in den Wald hinein. Je weiter er sich von Toni entfernte, umso mulmiger wurde sein Gefühl, die Pfoten immer schwerer und die Schritte stetig langsamer. Er sollte Recht behalten, denn schon von weitem konnte er die Wut des Vaters und die Sorge der Mutter wittern. Fast geräuschlos öffnete er die Haustür, in der Hoffnung, dass ihn niemand hörte. Doch besonders der Vatter hatte gute Löffel und so trafen ihn schon die ersten vernichtenden Worte, als er die Pfote noch nicht ganz über die Schwelle gesetzt hatte.

„Du Nichtsnutz! Du Taugenichts! Was fällt dir ein erst jetzt hier aufzutauchen. Den ganzen Nachmittag musste ich die Eier alleine bemalen! Wo hast du dich nur herumgetrieben. Na sagt schon!", polterte der Vater und kam mit erhobener Pfote auf den kleinen Hasen zu. Der konnte nur leise vor sich hin stammeln, was den Zorn des Vaters noch mehr entfachte: „Hab ich dir beigebracht so mit mir zu reden? In ganzen Sätzen sollst du sprechen und verständlich oder soll ich dich noch mal daran erinnern?"

Mit gesenktem Kopf antwortete der Hasenjunge und bliebt so nah an der Wahrheit, dass er nicht log: „Ich war draußen und habe die Zeit vergessen."

„Das ist das Einzige, was du zu sagen hast? Wenn du glaubst, dass jetzt eine warme Mahlzeit und ein gemütliches Bett auf dich warten, dann hast du dich aber gewaltig geirrt. Du wirst jetzt in die Werkstatt gehen und deine Arbeit von heute Nachmittag erledigen. Es ist mir egal, ob du dafür die ganze Nacht brauchst oder nicht. Und da du ja anscheinend so einen vergnüglichen, entspannten Tag hattest, kannst du deine Arbeit im Stehen verrichten."

Der Hase nickte resignierend, wusste das eine Diskussion seine Lage nur verschlimmerte. Er war froh, dass er jetzt keine Bekanntschaft mit den Pfoten des Vaters schloss. Ihm taten manche Körperpartien noch vom letzten Mal weh. Ohne ein weiteres Wort trete er sich um und wollte in die Werkstatt gehen, als er hinter sich im hasserfüllten Tonfall hörte: „Wie sagt man dann?"

Wie aus der der Pistole geschossen antwortete er: „Danke Vater!"

Mit gebeugter Haltung ging der kleine Hase wieder aus dem Bau heraus zur Werkstatt hinüber.

Dort stellte er sich an seinen Arbeitsplatz und begann mit dem Bemalen der Eier. Es fiel ihm schwer sich zu konzentrieren, denn seine Gedanken begaben sich mal wieder auf Wanderschaft. Der heut erlebte Tag war so anders, als alles was er bisher kannte. Rosi war so liebevoll mit ihren Küken umgegangen, ließ ihnen ihre Freiheiten, achtete aber auch darauf, dass sie sich anständig benahmen. Wenn sie sie ansah, war ihr Blick voller Wärme und Zuneigung. Auch Toni schien seine Kinder zu lieben, ihnen ein freundliches, schönes zu Hause zu bieten. Das Fangenspielen mit Elli und ihren Geschwistern war voller Leichtigkeit. Die Farben, die er auf dem Feld gesehen hatte waren wundervoll. Alleine dort hätte er ewig sein können, die Vielfalt betrachtend.

Während er daran dachte bemalte er ein Ei nach dem anderen. Als er nach einiger Zeit seine Gedanken vom heutigen Tag losriss, da fiel ihm erst auf, wie er die Eier bemalt hatte. Sie hätten alle schwarz sein sollen, schwarz wie die Nacht, die seit einigen Stunden den Wald beherrschte. Doch vor ihm lagen keine schwarz bemalten Eier, sondern kunterbunte. Es gab rote, grüne, blaue, gelbe, pinke und bunt gemischte.

Dem kleinen Hasen wurde kurz speiübel, die Nasenspitze verfärbte sich weiß. Wie war das denn nur geschehen? Was würde der Vater dazu sagen, wenn er die Eier am Morgen sieht. Panik stieg ihn ihm auf. Schnell überlegte er, was nun getan werden konnte Vielleicht war es zu schaffen alle Eier schwarz zu übermalen, bevor der Vater kam, um seine Arbeit unter die Lupe zu nehmen. Was würde die kleinere Strafe mit sich bringen? Bunte Eier oder schwarz übermalte Eier? Der Hasenjunge kam zu dem Schluss, dass bunte Eier ihm definitiv mehr Ärger machten. Also fing er an die bunten in schwarz umzufärben. So schnell er konnte pinselte er ein Ei nach dem anderen in pechschwarz an. Hoffentlich fiel es dem Vater nicht auf.

So vergingen die nächsten Stunden und der kleine Hase malte und malte.

Als die Sonne langsam hinter den Bäumen auftauchte und die Vögel ihr Morgenlied anstimmten, ging die Tür der Werkstatt. Der kleine Hase erstarrte kurz, legte dann den Pinsel zur Seite und hoffte, dass die übrig gebliebenen bunten Eier nicht in den Fokus gerieten. Wortlos betrachtete der Vater das nächtliche Werk und obwohl der Hasenjunge sich alle Mühe gegeben hatte, wurde das bunte unter dem schwarz entdeckt. Mit aller Kraft, die der Vater besaß, warf er die Eier nacheinander gegen die nahegelegene Wand. Mit wutverzerrtem Gesicht drehte er sich zum Jungen um. Aus Reflex versuchte der kleine Hase abzuhauen, um dem was nun folgte zu entkommen, doch der Vater war schneller.

****

Als der kleine Hase wieder zu sich kam, war es schon Mittag. Vorsichtig richtete er sich auf, trat langsam vor den Schuppen. Die Helligkeit der Sonne blendet ihn, schmerzt in den Augen und brachte seinen Kopf zum Dröhnen. Wankend ging er in Richtung Bau. Durchs Fenster konnte er sehen, wie die Mutter in der Küche werkelte. Er zögerte hineinzugehen, doch sie würde ihm nicht helfen können.

Seufzend griff er sich an den Kopf und spürte, wie sein Fell an einer Stelle komisch verkrustet war. Eine leise Stimme in seinem Kopf sagte ihm, dass er hier am Hasenbau nicht bleiben konnte.

Elli! Sie wusste bestimmt was zu tun war. Also hoppelte der kleine Hase durch den Wald, zu der Stelle, wo er sich nach der Schule immer mit Elli traf.

Als Elli dort auftauchte, erschrak sie. Entsetzt starrte es den kleinen Hasen an.

„Was ist mit dir geschehen?", fragte das Küken.

Zögerlich berichtete der Hasenjunge über das gestrige Heimkommen, die Nacht in der Werkstatt, die buntbemalten Eier, das schwarze Überpinseln eben dieser und das Entdecken des Vaters. Traurig schüttelte Elli den Kopf, nahm die Pfote in ihre Flügel und ging mit ihm zum Hühnerstall.

Als Rosie ihn sah, traute sie ihren Augen nicht, war sprachloch, rang sichtlich nach Worten: „Wie... was... warum... ist dir denn geschehen?"

Wie so oft ließ der kleine Hase den Kopf hängen. Er mochte nicht noch mal alles erzählen. Hilfesuchend sah er zu Elli. Diese fasste die Ereignisse der letzten Stunden zusammen.

Aufgebracht, dass jemand sein Kind so behandelte, stapfte die Henne auf und ab. Sie atmete einmal tief durch.

„Komm mit rein", bat sie den Hasen, „ich versorgen deine Wunden, reinige dein Fell und dann bekommst du etwas Warmes zu Essen und zu trinken."

Das Küken wich nicht von der Seite des Hasen, während Rosi, tupfte, putzte und verband. Die ganze Zeit hielt es die Pfote in ihrem Flügel und litt ein bisschen mit, wenn er schmerzhaft das

Gesicht verzog. Rosi begutachtete den kleinen Hasen behutsam. Neben der Wunde am Kopf, hatte der kleine Hase auch ein paar Prellungen, aber zum Glück war nichts gebrochen.

Während der Hasenjunge eine leckere Gemüse-suppe löffelte, tauchte Toni im Stall auf. Er stutz-te, als er den Gast sah. Doch bevor er ein Wort sagte, erschien Rosi und drängte ihn wieder nach draußen. Er konnte mitanhören, wie die beiden sich laut unterhielten und wie sie aufgeregt mit den Füßen über den Boden scharrten.

„… bunte Eier … und deswegen sieht er so aus … war das sein Vater … wo war seine Mutter … geht's ihm soweit gut … ja natürlich kann er hier bleiben … oh wenn ich könnte, dann würde ich ihn mir vorknöpfen…."

Die Henne redete beruhigend auf ihren Hahn ein und als sie wieder im Stall erschienen, war von der Aufgebrachtheit im Gespräch nichts mehr zu merken. Beide strahlten eine Ruhe aus, die sich wohltuend über die Seele des kleinen Hasen leg-te. Toni setzte sich neben ihn ins Stroh und sprach leise mit ihm.

„Ich habe dir gestern gesagt, dass du hier stets willkommen bist und wenn du einmal Hilfe benö-tigst, du sie hier auch bekommst. Wenn du hier erstmal durchatmen möchtest, um dann zurück-zugehen, ist das ok. Wenn du hier bleiben möch-test, dann werden wir auf dich aufpassen und genauso beschützen, wie unsere Küken."

„Ich würde schon gerne hierbleiben, doch ich kann Mutter auch nicht alleine lassen. Ihr geht's an vielen Tagen nicht gut. Wenn ich nicht da bin kann es sein, dass er alles an ihr auslässt", sagte der Hase hastig.

Toni verstand seine Sorge. Er wollte seine Mutter schützen, auch wenn diese ihn nicht schützte. Eine verzwickte Situation.

„Du darfst entscheiden, was du gerne möchtest."

„Ich kann mich nicht entscheiden!"

„Dann bleib so lange du möchtest", bat der Hahn an.

Erleichtert seufzte der kleine Hase. Sich nicht entscheiden zu müssen und so lange bleiben zu können, wie es für ihn machbar war, war ein sehr schönes Angebot. Elli wich den ganzen Tag nicht von seiner Seite.

Als es Abend wurde, machte sich eine Unruhe beim kleinen Hasen breit. Er hielt es kaum noch aus, ruhig im Stroh zu sitzen. Durch die Anspannung im ganzen Körper schmerzten die Prellungen mehr und mehr. Toni, Rosi, Elli und den anderen Küken war die Veränderung aufgefallen. Sie versuchten, so gut es ging, den Hasenjungen abzulenken, doch dieser konnte kaum noch auf der Stelle sitzen.

„Soll ich dich zum Waldrand begleiten?", fragte Toni.

„Es tut mir leid, aber ich muss nach Hause. Ich muss schauen, wie es Mutter geht und ob alles in Ordnung ist. Außerdem habe ich noch Eier zu bemalen", entschuldigte sich der Hase.

„Das ist in Ordnung. Ich habe dir vorhin ein Angebot gemacht und das bleibt auch bestehen. Komm, lass uns gehen!"

Wortlos verabschiedete sich der kleine Hase von den anderen. Elli drückte seine Pfote, so wusste er, dass sie morgen wieder warten würde. Wie jeden Tag, seit einigen Wochen. Wie gestern Abend brachte Toni ihn schweigend bis zum Waldrand. Es war aber kein unangenehmes, bedrohliches Schweigen, sondern ein ruhiges, entspannendes. Eins wo beide wussten, dass alles gesagt war. Zum Abschied legte der Hahn im den Flügel vorsichtig auf die Schulter, dann hoppelte der kleine Hase nach Hause.

Ohne nachzudenken trugen ihn seine Pfoten zum Hasenbau. Er erwartete, dass die Mutter in der Küche saß. Doch in der Küche brannte kein Licht, der Vater saß nicht am Tisch und die Mutter ebenfalls nicht. Es schien, als wäre keiner zu Hause. Vorsichtig lugte er erst in sein Zimmer. Dort war alles so wie immer, aufgeräumt, ordentlich und sortiert. Dann wagte er einen Blick ins Zimmer der Eltern. Hier sah es aus, als wäre ein unordentliches Hörnchen am Werk gewesen. Überall lagen die Sachen wild verstreut im ganzen Raum. Es herrschte ein heilloses Durcheinander. Das hatte es im Hasenbau noch nie gegeben.

Der kleine Hase trat wieder vor die Haustür. In der Werkstatt brannte Licht. Er fasste sich ein Herz und hoppelte hinüber. Dort schaute er erstmal durch ein Fenster. Der Vater saß an der Werkbank, bemalte Eier und schien mit den Gedanken weit weg zu sein. Vorsichtig öffnete er die Tür. Noch bevor er ein Wort sagen konnte, traf ihn der volle Zorn des Vaters.

„Du! Du hast es geschafft! Du hast einen Keil zwischen mich und deine Mutter getrieben! Du hast es geschafft, sie gegen mich aufzuhetzen! Du bist das aller Letzte!"

Der kleine Hase wusste gar nicht was geschah. Wie vom donnergerührt stand er in die Tür und ließ die Tirade des Vaters über sich ergehen.

„Sie hat mich verlassen! Du hast es geschafft, dass sie sich für immer von mir abwendet! Geh! Hau ab! Lass mich in Ruhe! Ich will keinen Nichtsnutz hier bei mir wohnen haben! Einer der noch nicht mal Eier bemalen kann! Schließ die Tür und verschwinde!"

Völlig verwirrt, von dem was der Vater ihm vorwarf, taumelte der kleine Hase nach draußen. So schnell ihn seine Pfoten trugen rannte er in den Wald hinein. Eine ganze Weile lief er ziellos umher und als er merkte, dass seine Beine müde wurden, setzte er sich unter einen Baum ins weiche Moos.

Was war da gerade passiert?

Hatte der Vater ihn etwa rausgeworfen?

War er nicht gut genug?

Wo war nur die Mutter hin?

Hatte sie ihn etwa zurückgelassen?

Hatte er nicht gut auf sie aufgepasst?

Wieso hat sie ihn nicht mitgenommen?

Wieso ließ sie ihn einfach zurück, wo sie doch so oft ihm nachts heimlich eine Decke und morgens etwas zu essen brachte?

Hatte sie ihn nicht lieb?

Vielleicht wollte sie ihn auch nicht, weil sie Angst hatte, dass er so werden würde, wie der Vater?

Erst nach und nach bemerkte der kleine Hase, dass ihm die Tränen über das Fell liefen. Mit einer hastigen Bewegung versuchte er diese wegzuwischen, aber ohne Erfolg. Sein Gesicht war schon ganz nass. Geräuschvoll zog er die Stupsnase hoch, damit die nicht auch noch anfing zu laufen.

Er hasste sich für seine Tränen. Eigentlich sollte er doch froh sein – endlich weg da.

Keine Eier mehr schwarzmalen.

Kein Vater der mit seinen Ausbrüchen Angst und Schrecken verbreitete.

Keine Mutter mehr, um die oft geschützt werden musste.

Keine Hasenkinder, die sich über ihn lustig machten.

Wenn es doch nur so einfach wäre….

Das war sein bisheriges Leben und auch wenn es nicht immer alles gut lief, so gab es doch durchaus schöne Momente. Zum Beispiel, wenn die Mutter ihn nachts zudeckte, der Geruch der warmen Möhrensuppe oder wenn der Vater nicht zu Hause war und sich eine entspannte Ruhe bis in den letzten Winkel ausbreitete.

Und auch dies sollte nun alles vorbei sein?

Beim Gedanken daran kullerten die Tränen noch schneller. Er konnte sie nicht mehr aufhalten und auch das Wegwischen war sinnlos. Irgendwann in dieser Nacht schlief der kleine Hase im Moos unter einem großen Baum ein. Das Rufen eines Käuzchens und die sanften Flügelschläge einer Eule begleiteten ihn ins Land der wilden Träume.

****

Als er am nächsten Morgen erwachte, wusste der kleine Hase nicht wie spät es war.

Hatte die Schule schon angefangen?

Er zuckte mit den Schultern. Was sollte die Schule denn jetzt noch bringen? Eier würde er nie wieder bemalen. Auf keinen Fall wollte er so werden wie sein Vater.

Einsam und alleine mit all der Wort auf alles und jeden.

Hin und her hatte er sich die Nacht gewälzt und von seiner Familie geträumt. Dabei hat er sich selber beobachtete, wie er sein Hasenkind auch dazu nötigen würde schwarze Eier zu malen.

Alleine wenn er daran dachte, bekam er eine Gänsehaut. Oh nein, so wollte er auf keinen Fall werden. Seufzend stand er auf, wischte sich das Moos aus dem Fell und versuchte eine Tageszeit auszumachen. Er schaute in den Himmel. Theoretisch müsste es jetzt Mittagszeit sein.

Mittagszeit!

Elli!

Der Hase lief schnell los. Er wollte das Küken auf keinen Fall warten lassen. Sie sollte sich keine Sorgen machen. Als er um die letzte Wendung des Weges rannte, konnte er Elli schon sehen. Abrupt bremste er vor ihr ab. Lächelnd griff sie in das Fell des kleinen Hasen und pflückte die letzten Moosreste heraus. Dabei zuckte er zusammen.

38

Zum einem, weil die Geste ungewohnt war, zum anderem, weil sie die schmerzenden Stellen berührte.

„Wo warst du heute Nacht? Du kannst mir nicht erzählen, dass du im Bau auf einem Bett aus Moos schläfst."

Nach Ausreden suchen hatte keinen Zweck, deswegen rückte der kleine Hase gleich mit der Sprache heraus.

„Mutter hat Vater verlassen und er gibt mir die Schuld daran. Ich habe sie vergrault, weil ich kein braver Hasenjunge war. Sie hat mich noch nicht mal mitgenommen!"

Beim Reden traten ihm wieder die Tränen in die Augen und stahlen sich über sein Fell hinfort. Sanft wischte Elli sie mit ihren Flügeln weg.

„Komm", sagte sie, „wir gehen zu mir nach Hause. Meine Mama wird schon wissen, was wir tun können."

Tröstend wollte sie ihm ihren Flügel in den Rücken legen, doch sie hielt in der Bewegung inne. War das gerade passend oder fühlte er sich dadurch noch unwohler? Doch ehe sie sich versah, nahm der kleine Hase Ellis Hand in seine Pfote.

„Danke, dass du da bist!", sagte er.

Am Hühnerstall stand Rosi wie so oft vor der Tür und beobachtete das bunte Treiben ihrer Küken. Ohne zu Fragen ließ sie die beiden hinein. Gerade als Elli erklären wollte was geschehen war, sagte die Henne: „Du brauchst nichts zu sagen. Berta, dieses Klatschhuhn, hat mir schon alles gesagt.

Sie liefert an deine Familie die Eier und hat anscheinend alles mitbekommen. Auch das dein Vater dich gestern Abend beschimpfte und vor die Tür setzte. Ebenso, dass du die Nacht alleine im Wald warst. Ich habe Elli schon früher zu eurem Treffpunkt geschickt, in der Hoffnung, dass sie dich dort trifft. Und Huhn sei Dank, du bist gekommen. Aber sag, warum bist du die Nacht nicht zu uns gekommen?"

„Ich wollte nicht stören oder euch zur Last fallen", erwiderte der kleine Hase.

„Merke dir bitte eins", sagte die Henne, „du bist hier jederzeit herzliche willkommen. Du störst nicht oder bist eine Last."

„Aber Mutter ist ohne mich gegangen und Vater will mich auch nicht mehr haben. Irgendwas an mir muss nicht stimmen."

„So kann es einem vorkommen, wenn jemand so viel erlebt hat wie du. Ich kann dir nur sagen, dass ich dich sehr gerne hier habe. Wir werden zusammen sehen, was die Zeit bringt."

„Das heißt ich darf hierbleiben?", fragte der kleine Hase sicherheitshalber nach.

„Selbstverständlich! Aber du wirst mir ein bisschen im Haushalt und bei der Gartenarbeit helfen. Das machen meine Küken auch und hier gilt: Gleiches Recht für alle."

Der Hase nickte. Gerne wollte er Rosi helfen. Er war so froh, dass er im Stall bleiben durfte. Auch Elli freute sich so sehr, dass sie fast ein Ei kaputtmachte, als sie unachtsam auf eins der Strohnester sprang. Behutsam deckte sie das Ei wieder zu und hoffte, dass es niemand gesehen hatte.

Der restliche Tag verging schneller als erwartet. Früh war Toni zu Hause. Seine Frau berichtete ihm kurz was die Nacht geschehen war. Auch er war der Meinung, dass der kleine Hase im Hühnerstall eine Bleibe gefunden hatte. In dieser Nacht kuschelte sich Elli an den Hasenjungen und nach dem er vorher so unruhig geschlafen hatte, wurde er nun sanft in den Schlaf gewogen.

****

Die nächsten Tage verliefen für den kleinen Hasen sehr ruhig. Seine körperlichen Wunden fingen an zu heilen und auch die Prellungen schmerzten weniger. Nur langsam gewöhnte er sich an den Umgang der Hühner untereinander.

Henne Rosi war stets freundlich und fürsorglich. Ihr Mann stand dem in nichts nach, auch wenn er manchmal mit seinen Küken schimpfte, so war stets die Zuneigung in seinem Blick und seinen Worten deutlich erkennbar. Elli war stets für ihn da, ohne ihm zu nah auf den Pelz zu rücken. Dies alles war sehr ungewohnt für ihn. Im Hasenbau war es nie so gewesen. Weder Mutter und Vater zu ihm, noch untereinander. Das was er hier spürte, Zuneigung, Geborgenheit und Liebe, hatte es so in seinem Leben nicht gegeben. Auch das Rosie ihm einfach Zeit gab, für sich herauszufinden, was er mit seinen neuen Freiheiten anfangen wollte. Sie drängt ihn nicht, gab keine Richtung vor oder mischte sich ein. Wenn er eine Frage hatte, konnte er jederzeit zu ihr hingehen und sie wurde ihm ehrlich beantwortet. Saß er auf einer Wiese, in Gedanken versunken über seine Zukunft, setzte sich Rosie manchmal zu ihm, schwieg mit ihm.

Es gab Tage, da war ihm diese Freiheit zu viel und er wünschte sich sehnlichst in den Hasenbau zurück. Dort kannte er die Regeln, wusste was er machen musste und wenn es Ärger gab, dann war das so schon in Ordnung. Er war dort aufgewachsen, kannte das Leben und auch wenn es nicht immer einfach war, so war es doch vertraut. Manchmal fühlte sich der kleine Hase unsicher und verloren.

Wenn Toni abends zum Hühnerstall zurückkehrte, sprach er von „nach Hause kommen" und auch Elli und ihre Geschwister sagten dies, wenn sie da waren. Hingegen für den kleinen Hasen es immer nur Orte gab, wo er geschlafen oder Eier bemalt hatte. Eines Abends, vor dem Schlafen gehen, nahm er allen Mut zusammen und sprach Rosi auf „zu Hause" an.

„Rosi, was ist ein zu Hause?"

Die Henne schaute ihn erstaunt an und antwortete: „Ein zu Hause ist ein Ort, an dem du dich wohlfühlst. Das muss kein Hasenbau oder Hühnerstall sein. Es kann genauso unter einer Sonnenblume sein, oder wenn man sich bei jemanden sehr wohlfühlt."

Der kleine Hase überlegte.

„Das verstehe ich nicht. Wie kann man ein zu Hause bei jemanden haben? Dann kann es ja überall und nirgends sein."

Die Henne klopfte mit ihren Flügeln neben sich ins Stroh und forderte ihn auf sich zu ihr zu setzen.

„Ich erzähl dir eine Geschichte."

Kaum das er dies getan hatte, umringten auch die Küken ihre Mutter. Sie wollten die Geschichte ebenso hören. Elli setzte sich zum kleinen Hasen. Gemeinsam lauschten sie der Erzählung von Rosi.

****

„Ein wunderschöner blauer Schmetterling saß auf einer sonnenbeschienenen Blume. Der Schmetterling mochte diesen Ort. Er fühlte sich dort wohl und konnte seine sanften blauen Flügel ausstrecken. Heute war ihm aber nicht danach. Die schönen blauen Flügel hingen herunter, seine Fühler senkten sich geknickt, der Blick wirkte traurig und ein wenig verloren. So hatte sich der Schmetterling noch nie gefühlt. Schon als Raupe war er immer glücklich gewesen. Hatte gelacht und gescherzt und mit den anderen herumgealbert. Er spürte, dass ihm irgendetwas fehlte. Doch was das sein könnte, konnte er sich gar nicht vorstellen.

So saß der schöne blaue Schmetterling auf seiner Blume. Da kroch eine Raupe vorbei. „Guten Morgen Schmetterling!", rief sie zu ihm hoch.

Der Schmetterling bewegte sich gar nicht. Er wollte mit niemanden sprechen.

„Was bist du denn so still? Ihr Schmetterlinge seid doch sonst ein Quell der Freude und macht uns alten Raupen damit wahnsinnig."

Mit ignorieren würde er diese vorlaute und schlecht gelaunte Raupe anscheinend nicht loswerden. Darum entschied sich der Schmetterling zu antworten: „Ich weiß nicht was mit mir los ist. Mir ist nicht nach Fröhlichkeit."

Die Raupe setzte sich auf ihren rundlichen Hintern, denn zuhören konnte sie besonders gut.

„Na dann erzähl mal Schmetterling! Ich habe alle Zeit der Welt."

„Alles ist so anders seit ich ein Schmetterling bin. Ich erkenne mich fast selber nicht mehr wieder. Alle anderen sind so fröhlich, genauso wie sie als Raupen waren. Von Tag zu Tag merke ich mehr, dass es mir nicht gut geht. Ich kann es kaum in Worte fassen. Es ist fast so, als würde mir etwas fehlen."

„Dir fehlt etwas?"

„Ja! Mir fehlen die anderen Raupen, mit denen ich immer so viel Spaß hatte. Auch sie sind jetzt Schmetterlinge, haben neue Freunde und manche sind immer unterwegs. Ich vermisse die Zeit in meinem Kokon. Er war angenehm groß, hat mich vor Wind, Regen, Sturm und Sonne geschützt. Und gleichzeitig mir das Gefühl von Sicherheit und Geborgenheit gegeben. Das würde ich so gerne wieder einmal fühlen."

Die Raupe überlegte. Eine Idee hatte sie bereits, doch konnte sie den Schmetterling nicht einfach damit überfallen.

„Du bist traurig", sagte die Raupe.

„Ja", antwortete der Schmetterling.

„Du vermisst die Zeit im Kokon."

„Ja!"

„Du würdest gerne wieder das Gefühl von Sicherheit und Geborgenheit spüren."

„Ja!", rief der Schmetterling aus.

„Fehlt dir ein Ort, wo du hingehen kannst, wenn du Schutz vor Wind, Regen, Sturm und Sonne benötigst? Wo du alle Flügel von dir strecken kannst und der Tag einfach nur Tag sein darf?"

„So ein Ort wäre toll! Wie nennt man so einen Platz?"

„Das, mein lieber Schmetterling", erklärte die Raupe", nennt man ein zu Hause."

„Ein zu Hause!"

Der Schmetterling schaute verträumt nach oben in den Himmel. Von diesem Ort zu hören erfüllte ihn gleich mit denselben Gefühlen, die er im Kokon verspürt hatte.

„Und wo finde ich diesen Ort?"

„Diesen Ort kann man nicht finden. Man muss ihn fühlen."

„Fühlen?"

„Wenn du dich auf den Weg nach deinem zu Hause begibst, dann kannst du dich immer fragen, ob du dich sicher, geschützt und geborgen fühlst. Wenn das zutrifft, dann bist du zu Hause."

Das hörte sich nicht leicht an. Doch der Schmetterling war wild entschlossen es zu probieren. So schwer konnte es ja nicht sein ein „zu Hause" zu finden. Der Schmetterling bedankte sich bei der Raupe. „Ich hoffe, wir sehen uns wieder, wenn du ein großer Schmetterling geworden bist", rief er seinem Helfer beim Losfliegen zu.

Von nun an machte der Schmetterling sich auf die Suche nach dem Gefühl für sein „zu Hause". An einem Tag probierte er ein kleines Loch im Baum aus. Darin war es aber weder angenehm warm, noch konnte er das Gefühl von Sicherheit, Schutz und Geborgenheit wahrnehmen. Außerdem schien in dem Loch schon jemand zu wohnen. Es war ganz unordentlich und dreckig. Hier wollte er nicht bleiben. Am nächsten Tag setzte er sich auf eine große Sonnenblume. Sie stand gerade richtig, so dass Sonne und Schatten sich abwechselten. Hier konnte sich der Schmetterling nicht die zarten Flügel verbrennen. Kaum hatte er es sich gemütlich gemacht, kam eine dicke Hummel vorbei und verscheuchte ihn von seinem neuen Ort. Sie habe diesen Platz zu erst entdeckt und deswegen gehöre er nun ihr. Auch wenn der Schmetterling sich hier wohlgefühlt hatte, so wollte er der Hummel nicht ihr zu Hause wegnehmen und flog weiter. Er entdeckte einen See mit ganz vielen Seerosen. So ein zu Hause am Wasser wäre auch nicht schlecht, dachte er sich und machte es sich auf einer Seerose gemütlich. Der Schmetterling fühlte in sich hinein und konnte ein wenig das Gefühl von Geborgenheit und Schutz ausmachen. Aber ihm fehlte die Sicherheit. Dennoch blieb er sitzen.

„Hi, du auf der Seerose – pass auf!", hörte der Schmetterling plötzlich jemanden rufen.

Ehe er orten konnte woher die Stimme kam, schnellte eine lange Zunge an ihm vorbei. Aufgeregt flatterte er in die Luft. Was war das denn? Wollte ihn da etwa jemand gerade zum Mittagessen verspeisen? Unter ihm hörte er ein entnervtes „Quak". Eine dicke Kröte hüpfte auf seine Seerose. Ja er wäre fast als Snack geendet und so wie die Kröte aussah, wäre er nur ein Appetithappen gewesen. Jetzt wusste der Schmetterling, wieso sich kein Gefühl von Sicherheit eingestellt hat. Mit der Gefahr im Nacken hätte er keine Nacht dort überlebt.

„Hallo, Schmetterling!"

Da war wieder diese Stimme. Die gleiche Stimme, die ihn schon eben hatte warnen wollen. Er drehte einige Kreise in der Luft und entdeckte am Ufer ein Tier, welches er noch nie zuvor gesehen hat. Das Tier winkte aufgeregt.

„Komm zu mir du schöner blauer Schmetterling", rief es ihm entgegen.

Der Schmetterling war misstrauisch. Gerade eben stand er schon einmal auf der Speisekarte. Es könnte sein, dass er in eine Falle tappen würde. Aber das Tier hatte ihn vor der Gefahr gewarnt.

Neugierig fragte der Schmetterling: „Was bist du denn für ein Tier?"

„Ich bin ein Frechdachs!", antwortete es.

Ein Frechdachs? Davon hatte der Schmetterling noch nie etwas gehört. Er sah aus wie ein kleiner Affe, genauso behaart, aber nicht ganz so faltig. Die Augen waren bernsteinbraun und schauten liebevoll drein. Seine Arme waren ein bisschen zu lang für seinen Körper und der Körper ein wenig zu kurz für die Arme.

„Ich bin ein Schmetterling", rief der Schmetterling dem Frechdachs zu.

„Das habe ich erkannt. Und du bist auch noch so wunderschön blau. Deine Flügel schimmern so sanft in der Sonne und deine Fühler haben noch nicht viel von der Welt gesehen."

„Danke schön. Du siehst aber auch noch ganz jung um dein Fell herum aus. So seidig weich und deine Augen, sind so warm und klar wie der Bach im Sommer."

Der Frechdachs wurde ein wenig rot.

So gefährlich konnte ein Frechdachs gar nicht sein, wenn er so liebe und aufrichtige Worte für den Schmetterling hatte. Er entschloss näher an dieses außergewöhnliche Tier heranzufliegen.

„Was machst du hier so weit draußen?", fragte der Schmetterling den Frechdachs.

„Wenn ich dir das erzähle, dann darfst du aber nicht lachen."

Der Schmetterling versprach es.

„Ich suche ein zu Hause", erwiderte er und schaute dabei bedrückt zu Boden, „keiner in meiner Familie hat einen Ort an dem er sich sicher, geborgen und beschützt fühlt. Mir fehlt das so sehr, dass ich nicht ohne dies sein möchte."

Der Schmetterling horchte auf. Es ging also anderen auch so wie ihm? Das konnte doch nicht möglich sein. Er dachte, er wäre der einzige mit dem Problem.

„Und was machst du hier?", fragte der Frechdachs.

„Ich suche auch ein zu Hause."

„Wie du suchst auch ein zu Hause?", der Frechdachs horchte auf.

Der Schmetterling kam noch näher geflogen.

„Ja! Bei mir haben sie alle ein zu Hause. Nur ich nicht und da hat eine Raupe mir gesagt, dass ich auch eins benötige, damit ich nicht immer so traurig bin und die ganzen Blumen in der Umgebung beweine."

Da war also noch jemand, der auch ein zu Hause suchte und nicht genau wusste, wie er dazu kommen würde. Sie setzten sich nebeneinander ans Seeufer. Schweigend saßen sie da und als der Tag sich zu Ende neigte, stand der Frechdachs auf.

„Ich möchte nicht unverschämt klingen, aber ich habe hier in der Nähe eine schöne Blume gesehen. Auf der könntest du dich ausruhen und ich würde mich unter ihr für dich Nacht einrollen."

Dies hörte sich nach einem tollen Vorschlag an. Der Schmetterling und der Frechdachs gingen gemeinsam zu der Blume. Ein wirklich toller Ort. Von dort aus hatte man alles im Blick und mögliche Störenfriede konnten sofort ausgemacht werden.

„Gute Nacht Frechdachs", sagte der Schmetterling und bettete seine Flügel am Rand der Blume. „Gute Nacht Schmetterling", sagte der Frechdachs und kuschelte sich unter die Pflanze.

In dieser Nacht kam der Schmetterling nicht viel zum Schlafen. Er überlegte die ganze Zeit, ob sich so ein zu Hause anfühlen könnte. Er fühlte sich sicher, geborgen und auch beschützt. Aber irgendetwas fehlte ihm dabei.

So vergingen die Tage und Wochen.

Der Schmetterling und der Frechdachs waren Freunde geworden. Sie entdeckten viel Neues rund um ihre Blume, zu der sie jeden Abend zurückkehrten. Eines Abends setzte sich der Frechdachs darunter und sagte zum Schmetterling.

„Du, Schmetterling. Ich war immer auf der Suche nach Schutz, Sicherheit und Geborgenheit – ein zu Hause."

Der Schmetterling bestätigte das. Das hatte die Raupe ihm als Empfehlung für ein zu Hause mitgegeben. Der Frechdachs sprach weiter.

„Doch weist du was wirklich wichtig für ein zu Hause ist? Es ist jemand da mit dem man alles teilen kann. Der mit einem lacht, weint, sich freut und einen so annimmt wie man ist. Ein zu Hause ist kein Ort oder ein Raum. Zu Hause findet im Herzen statt. In meinem Herz ist eine Schmetterlingsfarm. Dort hast du dein zu Hause gefunden."

„Und in meinem Herzen hüpft ein Frechdachs hin und her. Dort hast du dein zu Hause gefunden", erwiderte der Schmetterling gerührt.

Es war der erste Abend, wo Frechdachs und Schmetterling ihr zu Hause gefunden hatten. Das zu Hause im Herzen des jeweiligen anderen. Sie wussten, egal wo sie hingehen würden, dass ihn dies niemand mehr wegnehmen könnte. Sollten sie einmal nicht beisammen sein, so brauchten sie nur ihrem eigenen Herzschlag zu lauschen. Auf diesem Klang konnten sie in ihr zu Hause reisen – sich dort sicher, geschützt und geborgen fühlen."

****

Verstohlen wischte sich der kleine Hase die Tränen mit dem Pfoten weg, die sich leise aus seinen Augen schlichen. Behutsam spürte er einen kleinen Flügel auf seinem Arm. Elli lächelte ihn an, nahm seine Pfote und legte die auf ihr Herz. Im gleichen Atemzug legte sie ihren Flügel auf sein Herz und flüsterte leise:

„Zu Hause!"

Der kleine Hase wusste nicht wie ihm geschah, aber ihm wurde ganz warm ums Herz. Es fühlte sich richtig an, so als ob es schon immer so gewesen wäre. Er hätte tanzen, jubeln und singen können, doch wollte er diesen Moment festhalten. Es war ihm fast ein bisschen unangenehm, als er bemerkte, dass die anderen Küken und Rosi um ihn herumsaßen. Doch die Henne lächelte nur, sammelte die anderen Küken ein und brachte diese ins Bett. Elli und der kleine Hase blieben noch lange sitzen und lauschten jeweils dem Herzschlag des anderen. Und genauso wie der Schmetterling und der Frechdachs schliefen sie ein. Für den Hasenjungen war dies die erste Nacht im Hühnerstall, wo er spüren konnte, dass auch er beschützt und geborgen war, gemocht wurde. Ein Gefühl, welches er nie wieder loslassen oder in seinem Leben missen wollte.

****

Das Leben im Hühnerstall verlief ruhig und gleichmäßig. Mit der Zeit konnte der kleine Hase die Ruhe sogar genießen. Rosi, Toni, Elli und die Küken waren zu seiner Familie geworden. Mit ihnen konnte er lachen, ja zum Teil sich sogar frei fühlen. Doch tief in ihm schlummerten Gedanken an den Vater, die Mutter und die schwarzen Eier.

Es war ihm gar nicht bewusst, wie sehr er das Bemalen vermisste, bis er mit Rosi Eier an eine andere Hasenfamilie auslieferte. Er sah die Freude der Hasenkinder, sah wie sie sich förmlich auf die Eier stürzten, sich die vermeintlich schönsten herauspickten, um sie dann in bunten Farben erstrahlen zu lassen. Für ihn war das immer eine lästige Pflicht und Zwang gewesen. Zwang der vom Vater ausging, gepaart mit Pflichtgefühl, die Familientradition fortzuführen und ihn stolz zu machen.

Als Rosi und der Hasenjunge wieder am Hühnerstall waren, sprach er die Henne darauf an.

„Rosie, ich weiß nicht wie ich es sagen soll, aber ich glaube, ich möchte auch wieder Eier bemalen?"

Die Henne runzelte die Stirn.

„Schwarze Eier?", fragte sie.

„Ich weiß es nicht. Vielleicht ja. Vielleicht aber auch bunte. Geht das überhaupt? Bunte und schwarze Eier zu bemalen?"

„Wieso sollte dies nicht gehen? Du kannst doch die Eier bemalen wie du es für richtig hältst!"

„Genau das ist es ja. Ich weiß nicht, was richtig oder falsch ist. Im Hasenbau gab es nur schwarz, in der Hasenschule nur bunt. Ich hatte stets das Gefühl, dass es nur eins geben darf."

Der kleine Hase war sichtlich verunsichert. Er wollte ja gerne wieder malen, aber nicht nur schwarz und nicht nur bunt. Als er das letzte Mal Eier bunt gestaltete, hatte er schnell versucht sie schwarz überzumalen, jedoch nur mit mäßigem Erfolg. An den folgenden Ärger konnte er sich noch allzu gut erinnern. Dies wollte er unbedingt vermeiden und gleich alles richtig machen.

In seine Gedanken mischte sich Rosi ein und unterbrach ihn.

„Es gibt kein richtig oder falsch, kein hell oder dunkel. Du kannst selber entscheiden, was du möchtest und was nicht. Wenn du weiterhin die Eier schwarz bemalst, dann ist das deine Entscheidung. Möchtest du bunte Eier kreieren, dann ist auch das deine Entscheidung. Und sollen sie eine Mischung aus beidem werden, dann ist das ebenso deine Entscheidung."

So viele Entscheidungen gab es zu treffen. Diese Wahl hatte er noch nie gehabt. Das überforderte den kleinen Hasen total. Er benötigte Zeit zum Nachdenken, Zeit zum Ausprobieren.

„Danke Rosi, ich werde es mir überlegen."

„Nimm dir die Zeit, die du brauchst. Keiner drängt dich."

Das beruhigte den kleinen Hasen, denn so schön wie es auch bei den Hühnern war, so wollte er auch sein eigenes Ding machen. Ein langer Spaziergang über die Felder half ihm sehr beim Nachdenken. Mit jedem Pfotenabdruck im weichen Boden konnte er spüren, wie sich seine Gedanken klärten. In den weiten der Wiesen und Felder fiel es ihm leicht Entscheidungen zu treffen. All die Farben, die es dort zu sehen gab ließen ihn lächeln. Die Mohnblumen strahlten in einem herrlichen rot und reckten ihre Köpfe der Sonne entgegen. Auch konnte er das saftige Grün der Weiden, das leuchtende gelb der Kornfelder und das tiefe Blau des Himmels sehen. Doch da war auch das tiefe Schwarz des Bodens, dass ihn ebenso faszinierte. Er konnte den Blick davon nur schwer abwenden.

Am Abend sprach er mit Elli darüber. Das Küken klatschte aufgeregt mit den Flügeln. Beschwichtigend legte der kleine Hase die Pfote auf ihre Schulter und lächelte.

„Ich freu mich so für dich, dass du wieder die Pinsel schwingen möchtest", sagte sie fröhlich-

„Ich mich auch. Es wird aber eine bisschen dauern, bis ich genau weiß, was ich malen möchte. Vielleicht ja gar keine Eier, sondern Federn oder die Stallwände."

„Du kannst bemalen was auch immer du möchtest."

Die beiden alberten noch ein wenig herum und machten sich Gedanken, was der kleine Hase alles bemalen könnte. Sogar vor einer Neueinfärbung von Tonis Hahnenkamm machten sie nicht Halt. Lachend saßen sie auf der Treppe und der kleine Hase bekam eine Idee davon, wie sein Leben außerhalb des Waldes aussehen konnte.

∗∗∗∗

Am nächsten Morgen ging der kleine Hase in den Wald. Ein mulmiges Gefühl begleitete ihn dabei. Keiner hatte gesagt, dass die Entscheidung, die er getroffen hatte, einfach werden würde.

Doch für seinen Weg benötigte er Unterstützung, die ihm weder Rosie noch Toni oder Elli geben konnten. Er atmete tief durch, versuchte so das stärker werdende komische Gefühl zu unterdrücken. Zielstrebig ging er zur Lichtung, wo er früher täglich hingegangen war. Er konnte die vertrauten Stimmen und das Läuten der Glocke hören. Diesmal lief er nicht drauflos, sondern nahm in Kauf einige Minuten später zu kommen. Als er an der Lichtung im Wald stand, zitterten seine Pfoten ein wenig.

Die Schule stand genau dort, wo sie immer gewesen war und Frau Elster winkte die letzten Schüler ins Haus. Ihr Blick schweifte noch einmal über den moosbewachsenen Platz und blieb am kleinen Hasen hängen. Ein Lächeln breitete sich auf ihrem Gesicht aus. Abwartend blieb sie zunächst stehen und als der Hasenjunge einen ersten Schritt auf das Gebäude zu machte, lief Frau Elster ihm entgegen.

„Schön, dich zu sehen", sagte sie und legte ihm den Flügel über die Schulter, so wie sie es so oft schon getan hatte.

Wie immer nahm er auf seinem Stuhl Platz. Um ihn herum flüsterten die anderen Hasen. Doch er hörte nicht hin. Er wollte gar nicht so genau wissen, was sie über ihn sprachen. Bisher waren es nie nette Dinge gewesen. Außerdem war er nur aus einem Grund hier:

Er wollte Farben kennenlernen.

Damit hatte er schon genug zu tun. Wie gewohnt bat Frau Elster ihre Schüler sich mit Pinsel, Wasser und Farben auszustatten, bevor sie die Eier an die Plätze brachte. Als sich alle schon mit ihrem Werkzeug versorgt hatten, stand der Hase auf und schaute sich um. Pinsel und Wasser waren einfach. Das kannte er bereits. Als er zu den Farben ging, bemerkte er, wie er ganz automatisch nach Schwarz griff. Er stutzte, atmete einmal durch und stellte die Farbe wieder hin. Wenn er etwas ändern wollte, dann musste er auch bereit sein Neues auszuprobieren. Sein Blick erfasste die Farbe Blau, ein heller Ton.

„Klein anfangen", sagte er zu sich selber und griff danach. An seinem Tisch tauchte er vorsichtig den Pinsel in die Farbe und betrachtete sie genauer. Es war ein sanftes blau. Nicht zu dunkel, nicht zu hell. Ein wenig wie, wenn sich der Himmel im Teich spiegelte. Vorsichtig führte er den Pinsel ein erstes Mal über das Ei. Er war erstaunt, wie sich der Farbton auf dem Weiß darstellte. Es gewann im Kontrast an Intensität. Strich für Strich bemalte er langsam das Ei. Er ließ sich bewusst Zeit dabei, wollte nicht in Eile einfach so drauf los malen, sondern ganz bewusst dabei sein. Zu Beginn konnte er einen Widerstand in sich spüren. Am liebsten wäre er jetzt sofort aufgestanden, hätte sich die schwarze Farbe geholt. Aber das kam nicht in Frage für ihn. Er wollte was Neues und da war der Weg nicht immer einfach.

Neben dem Widerstand stieg auch das mulmige Gefühl immer mehr an, was in Übelkeit endete. Mit ruhigen Atemzügen ging der kleine Hase gegen an und bemalte weiter sein Ei. Frau Elster beobachtete aus dem Augenwinkel die Anstrengungen ihres Schülers, ließ aber alles unkommentiert. Sie konnte die Veränderung bemerken. Er schien offener und fröhlicher zu sein, auch wenn er sich hier wie immer unnahbar zeigte.

Als sie zum Schulende läutete, rauschten alle anderen Hasen lachend nach draußen, während der kleine Hase seinen Tisch aufräumte, dein Pinsel ausspülte und alles wieder an seinen Platz stellte.

„Möchtest du mit mir reden?", fragte Frau Elster.

„Es ist alles in Ordnung", erwiderte der kleine Hase.

„Dein Vater war hier und hat mir erzählt, dass du weggelaufen bist. Du hättest den ganzen Bau verwüstet."

„Zunächst einmal bin ich nicht weggelaufen, sondern er hat mich rausgeschmissen", sprach er deutlich und konnte seine Wut über die Unehrlichkeit des Vaters im Bauch spüren, „und nicht ich habe den Bau verwüstet, das war er selber."

„Er ist kein einfacher Hase, das wissen wir alle. Doch er würde doch nie sein eigenes Kind hinauswerfen."

Wie konnte Frau Elster nur so etwas sagen? Es fühlte sich an, als würde sie ihn verteidigen. Sie hatte doch genau gesehen, wie er manchmal zur Schule gekommen ist. Mehr kriechend als laufend. Oft hatte sie ihn gefragt, ob sie etwas für ihn tun, ja sogar helfen könnte. Und jetzt das?

„Oh doch! Mutter ist abgehauen, keine Ahnung wo sie jetzt ist. Sie hat nur einen Zettel hinterlassen. Vater gibt mir die Schuld daran. Er sagt, dass ich sie vertrieben hätte, weil ich meine Arbeit nicht anständig erledige und auch sonst zu anstrengend bin. Fast jeden Tag hat er mir gezeigt, was ich wert bin und wo mein Platz ist. Kommen Sie mir nicht mit er ist kein einfacher Hase!"

Wütend stapfte der kleine Hase zur Tür. Frau Elster ließ er stehen, drehte sich nicht noch mal um, wartete auf keine Antwort. Er konnte sich nicht erklären, was in sie gefahren war. Auf keinen Fall wollte er weiter hören, wie sie den Vater verteidigte. Eigentlich war er davon ausgegangen, dass sie ihm den Rücken stärkte und nicht hineinfiel.

Wie früher wartete Elli am Rande der Lichtung. Neugierig fragte sie nach seinen Tag. Doch der kleine Hase stapfte wütend wortlos an ihr vorbei.

„Was ist denn los?", rief sie ihm hinterher.

„Nichts!", antwortete er.

Das Küken nahm seine Pfote und hinderte ihn am Weitergehen.

„Was soll das?", fragte der kleine Hase.

„Du kommst mit einer miesen Laune aus der Schule, wo du das erste Mal seit langer Zeit gewesen bist. Und sagst mir, dass nichts los ist? Lüg jemand anderen an, aber nicht mich!"

„Ist ja gut!"

Sie setzten sich auf einen Stein am Wegesrand und der Hasenjunge erzählte, was ihm heute geschehen war. Dabei trat er mit den Pfoten immer wieder kleine Holzstücke weg. So wütend war er. Elli blieb bis zum Ende ganz ruhig. Erst dann begann sie sich aufzuregen.

„Was soll das denn? Wie unfähig ist die denn? Verteidigt deinen Vater, obwohl sie genau wusste was bei dir zu Hause abgeht. Was ist bloß in sie geraten?"

Schimpfend über die Lehrerin des Hasen ging sie vorweg zum Hühnerstall. Dabei wippte ihre Eierschale auf dem Kopf und die Gummistiefel schlupften noch mehr als sonst. Zwar war es nicht unbedingt hilfreich, dass jetzt auch Elli wütend war, aber es tat gut, dass noch jemand die Wut teilte.

Rosi war es, die noch wütender reagierte als ihre Tochter. Sie plusterte sich auf und die Federn standen ihr zu Berge. Wie Elli stapfte sie sauer erst durch den Stall, dann über den Hof. Sie sagte, ihre Wut brauche Luft.

„Und was nun?", fragte Rosi, nachdem ihre Wut ein wenig verraucht war.

„Ich geh da nicht wieder hin", sagte der kleine Hase.

„Bist du dir sicher? Du hattest dir doch Unterstützung beim Farbenlernen erhofft", gab Elli zu bedenken.

„Ja schon. Das wäre echt schön gewesen. Aber ich werde nicht zu Frau Elster gehen, die jemanden wie den Vater versucht zu verteidigen oder sogar in Schutz nimmt", antwortete der Hase entschieden.

„Das kann ich gut verstehen. Dann müssen wir uns nach einer Alternative für dich umschauen", sagte Rosi.

„Ich brauch keine Alternative. Vielleicht schaffe ich das auch so. Außerdem habe ich noch euch."

Rosi lächelte und Elli schlang die Arme um den kleinen Hasen.

****

Am Morgen holte der kleine Hase Farbe. Die Eichhörnchen, die die Farbe herstellten, waren erstaunt ihn zu sehen. Als er dann auch noch nach rot, gelb, grün, blau, lila und orange fragte, schauten sie nicht schlecht. Sie hatten mit dem üblichen Schwarz gerechnet. Mit den gesammelten Eicheln und Nüssen bezahlte er für die Farbe. Im Gehen überlegte er es sich noch einmal und bat doch um die schwarze Farbe. Als er auch diese bezahlen wollte, klopfte ihm das Hörnchen auf die Schulter und sagte: „Die gibt es heute umsonst dazu – für deinen Mut etwas Neues auszuprobieren."

Lächelnd packte er die Farbe ein und ging zurück. Am Hühnerstall hatte Rosi einige Eier für ihn zurückgelegt. Er nahm sich diese und zog sich in die Felder zurück. Dort wollte er, abseits möglicher neugieriger Blicke, die Farben ausprobieren. Den Pinsel in eine Fabre tauchen und dann ein Ei bemalen.

Eigentlich ganz einfach – und doch so schwer.

Mit jedem Pinselstrich überwand er sich erneut. Es kostete ihn unendlich viel Kraft nicht nur rot zu nutzen, sondern auch gelb. Wie schon in der Schule wollte er am Liebsten den Pinsel in die schwarze Farbe tauchen und alles so machen wie immer. Dies versprach ihm Sicherheit und Kontrolle. Das Neue war so schwierig und anstrengend, dass er nach zwei Eiern völlig erschöpft war. Doch auch ein kleines bisschen stolz auf sich es geschafft zu haben.

Die Eier nahm er nicht mit zum Hühnerstall. Er wollte nicht, dass Elli und Rosi eine große Sache daraus machten. Einzig und alleine für sich wollte er die neuen Farben ausprobieren. Zwar wunderte sich die Henne bei seiner Rückkehr, dass er nur die Farbe wieder mitbrachte und keine bemalten Eier, doch sie sagte dazu nichts. Hierfür war der kleine Hase ihr sehr dankbar. Es war schön so akzeptiert zu werden wie er war.

Jeden Tag aufs Neue ging der kleine Hase von nun an in die Felder, um mit den bunten Farben Eier zu bemalen. Pinselstrich für Pinselstrich kostete es ihn Überweindung gegen die Gewohnheiten anzukämpfen. Schwarze Farbe spielte stets eine große Rolle in seinem Leben und war das, was ihm über Jahre als „die einzig wahre Farbe" vom Vater verkauft wurde. Dass es auch andere Farben gab, war ihm zwar bekannt gewesen, aber nicht diese Vielfalt.

Musste er das Schwarz aus seinem Leben verbannen, um sich vom Vater zu lösen und neue, eigene Wege zu gehen?

Eines Abends, der kleine Hase kam aus den Feldern und wollte zum Hühnerstall gehen, da hörte er laute Stimmen. Rosi schien jemanden anzubrüllen und auch Toni konnte er hören. Der stand seiner Frau in nichts nach.

„Verschwinden Sie hier! Sie haben hier nichts zu suchen!"

„Lassen Sie uns in Ruhe!"

„Wir werden Ihnen nicht sagen wo er ist!"

Dem Hasenjungen dämmerte langsam, dass anscheinend jemand nach ihm fragte. Hahn und Henne waren wohl nicht damit einverstanden und wollten nicht sagen, wo er sich befand. Vielleicht war es die Mutter die nach ihm fragte und wissen wollte ob es ihm gut ginge. Hoffnung keimte in ihm auf. So schnell er konnte rannte er zum Hühnerstall, doch als er um die Ecke bog, wurde seine aufgeflammte Hoffnung je zerstört.

Im Hof stand der Vater und lieferte sich ein heftiges Wortgefecht mit Rosi und Toni. Von Elli und den anderen Küken fehlte jede Spur. Wahrscheinlich hatte ihre Eltern sie in den Stall geschickt, damit sie nicht zwischen die Fronten gerieten.

Übelkeit machte sich im kleinen Hasen breit. Mit jeder Sekunde konnte er die aufkommende Magensäure schmecken. Liebend gerne hätte er sich übergeben, um das Gefühl loszuwerden. Stattdessen atmete er einige Male tief ein und wieder aus, um sich dann neben Toni und Rosi zu stellen. Als sein Vater in erblickte, fing dieser augenblicklich an zu lächeln, breitete die Arme zu einer Umarmung aus, doch der kleine Hase wich zurück, verschränkte seine Pfoten vor der Brust.

„Was willst du?", fragte er mit einer kalten Stimme die ihn selber erschrak.

„Ein Vögelchen hat mir gezwitschert, wo du bist. Über Wochen habe ich dich gesucht, mein Junge, und musste davon ausgehen, dass du wie deine Mutter einfach abgehauen bist", antwortete der Vater ruhig.

Oh, diese Frau Elster! Konnte wohl ihren Schnabel nicht halten.

„Abgehauen?", fragte der kleine Hase wütend, „du hast mich rausgeschmissen. Hast mich mitten in der Nacht vor die Tür gesetzt. Ich habe die Nacht im Wald verbracht, wusste nicht wohin."

„So war das doch gar nicht gemeint", erwiderte der Vater.

„Oh doch! Du hast jedes Wort was du mir an den Kopf geworfen hast so gemeint. Und was willst du jetzt von mir? Willst du, dass ich wieder mit dir in den Hasenbau gehe? Alles so wird wie früher?"

Ein Teil des kleinen Hasen hoffte, dass er „Ja" sagen würde, dass er wieder beim Vater wohnen könnte und er endlich die Liebe und Fürsorge von ihm bekam, wie er es sich all die Jahre wünschte. Doch ein anderer Teil in ihm wusste, dass dies nie geschehen würde. Der Vater konnte ihn nie so lieben wie Rosi und Toni ihre Küken umsorgten. Das zu Erkennen tat weh! Sehr weh sogar! Vielleicht würde es auch gar nicht so wie früher werden, sondern anders. Anders wäre ja auch schon etwas.

„Ja, so wie früher wäre gut", hörte er den Vater sagen.

Die Ruhe des Hasenjungen schlug von jetzt auf gleich in Wut um. Zornig stürmte er auf den Vater los, schüttelte dabei den Flügel ab, den Toni ihm auf die Schulter legte, um ihn zurückzuhalten.

„So wie früher?" rief er aus, „du willst wirklich, dass alles so wird wie früher? Ich soll wieder stundenlang in der Werkstatt hocken und Eier schwarz anmalen? Wenn es dir nicht gefällt, zeigst du mir wieder deinen Weg, wie du es immer getan hast? Und wenn ich nicht nach deiner Nase tanze, bekomme ich was auf meine? Oh nein! SO wird es gewiss nicht mehr laufen. Mutter hatte zu große Angst, dir all dies ins Gesicht zu sagen, doch ich nicht – nicht mehr! Du wirst mich nie wieder am Boden sehen, wirst nie wieder auch nur einen Ton von mir hören. Nie mehr werde ich um deine Anerkennung betteln, um sie dann doch nicht zu bekommen, Kein einziges Mal mehr, werde ich auf deine Liebe, Zuneigung und Fürsorge hoffe, nur um dann erneut enttäuscht zu werden oder noch schlimmer, für diese Hoffnung eine Strafe zu bekommen. Nein! Das wird nicht mehr passieren!"

Beim Reden war der kleine Hase immer lauter geworden und als er schon dachte, dass der Vater einmal sprachlos war, holte dieser zum Gegenschlag aus. Entschloss trat er einen Schritt auf seinen Sohn zu und brüllte: „Habe ich nicht immer dafür gesorgt, dass es dir gut geht? Habe ich nicht stets auf dich aufgepasst und dich zu einem guten Jungen erzogen? Habe ich dir nicht stets den richtigen Weg gezeigt? Und du dankst es mir, indem zu mich im Stich lässt mit der Arbeit? Rennst einfach zu den dummen Hühnern. Die können doch nichts anderes als Eier legen. Wir sind die Künstler! Wir sind etwas Besonderes!"

„Du hast nie für mich gesorgt! Mutter hat so gut sie konnte auf mich aufgepasst, bis sie dich nicht mehr aushielt. Dich und deine Launen! Dir war ich doch immer egal! Ich war nur dein Eierfärber, mehr nicht! Und du sollst mir den richtigen Weg gezeigt haben? Du hast mir nur einen Weg gezeigt! Eine Wahl hatte ich nie! Die hast du mir nicht gelassen. Blind hätte ich dir folgen sollen ohne nachzudenken, ohne nachzufragen!"

„Du undankbarer Misthase! Was fällt dir ein? Wie kannst du es wagen! Oh ich werde dir schon zeigen, was ich mit solchen kleinen Ratten wie dir tu! Du kommst sofort mit mir nach Hause! Dann werde ich dir erstmal Manieren beibringen müssen. Anscheinend habe ich deine Erziehung zu sehr an deine Mutter übergeben!"

Der Vater griff nach dem Arm des Hasen. Dieser zog zurück und ehe er sich versah stellte sich Toni zwischen die beiden. Der Hahn plusterte sich ganz schön auf. Die Federn standen ihm zu Berge, der Kamm schwoll und mit seinen scharfen Krallen scharrte er bedrohlich über den Boden.

„Wagen Sie es ja nicht den kleinen Hasen anzufassen! Wenn er es nicht möchte, wird er mit Ihnen nirgendwo hingehen!"

„Dies ist eine Familienangelegenheit! Halten Sie sich da gefälligst raus", giftete der Vater zurück.

„Da haben Sie Recht! Es ist eine Familienangelegenheit! Der kleine Hase gehört zu meiner Familie und somit werde ich ihn auch verteidigen und an seiner Seite stehen!"

„Komm mein Sohn! Wir gehen!", versuchte es der Vater erneut.

Doch der kleine Hase blieb stur hinter Toni stehen. Er würde mit dem Vater auf keinen Fall mitgehen. Dies schien auch der langsam zu begreifen!

„Dann bleib doch hier! Du hast es nicht verdient mein Sohn zu sein! Mit dir habe ich nur meine Zeit verschwendet! Du bist nichts weiter als ein Nichtsnutz, ein verantwortungsloser Hasenfuß!"

Ein letztes Mal nahm der kleine Hase seinen Mut zusammen, machte sich groß und entgegnete: „Die Liebe seiner Eltern muss man sich nicht verdienen! Und ich heiße Max!"

Erstaunt blickten Rosi und Toni den kleinen Hasen an. Noch nie hatte er seinen Namen genannt. Er war immer nur der kleine Hase gewesen.

„Warts ab! Eines Tages wirst du zum Bau kommen und mich anbetteln, dich wieder aufzunehmen!"

„Vielleicht werden wir uns wieder begegnen, aber dann werde ich nicht um deine Liebe, Fürsorge oder Zuneigung betteln, sondern dich bedauern, dass du nicht in der Lage warst diese zu geben."

Mit diesen Worten drehte sich Max um und ging in den Stall. Undeutlich konnte er hören, wie Toni den ungebetenen Gast vom Hof scheuchte und ihm deutlich machte, dass er hier nicht erwünscht war. Im Stall kam Elli auf ihn zu gerannt und warf ihre Flügel um den Hals des Hasen.

„Ich bin so stolz auf dich, dass du deinem Vater entgegengetreten bist und so für dich eingestanden hast", sagte sie.

Max hingegen war damit beschäftigt Luft zu bekommen. Sein Mut hatte ihm etwas den Atem geraubt.

„Nun lass den Jungen doch erstmal durchatmen", sagte Rosi. Sie war unbemerkt hinter Max in den Stall gekommen. Liebevoll schob sie ihre Tochter ein wenig zur Seite und gab ihm die Zeit, die er gerade benötigte.

Als sich Max wieder gesammelt hatte, kam auch Toni zurück. Er war die Ruhe in Hahnengestalt. Keiner sah ihm an, dass er gerade noch völlig außer sich war und für seine Familie einstand. Doch von ihm kam kein Kommentar zu der Situation. Er legte lediglich seinen Flügel anerkennend auf die Schulter von Max. Diese kleine Geste ließ ihn wissen, dass alles in Ordnung war und er sich stets dem Schutz von Toni Gewiss sein konnte.

„Gehör ich wirklich zur Familie?", fragte Max leise in die Runde.

Wie aus der Pistole geschossen antwortete Rosie: „„Ja, für uns gehörst du dazu! Diese Frage haben wir uns nie gestellt und werden wir auch nie! Da kann kommen wer möchte! Du wirst immer in diesem Hühnerstall und mit uns eine Familie haben!"

****

In den folgenden Tagen bemerkte Max, wie er sich veränderte. Er lächelte, bewegte sich leichtfüßig, seine Gedanken waren auf die Zukunft gerichtet und hingen weniger in der Vergangenheit und auch das Bemalen der Eier fiel ihm zunehmend leichter. Auch seine neue Wahlfamilie konnte dies sehen. Sie freuten sich mit ihm, dass es ihm gut ging. Viel häufiger sahen sie ihn auf dem Hof, denn er zog sich zum Malen nicht mehr ins Feld zurück, sondern tat dies ganz offen. Manchmal schauten ihm die Küken neugierig über die Schulter. Doch Max hatte keine Angst mehr bewertet oder abgewertet zu werden. Er wusste, dass er seinen Weg finden würde, egal wie lange es dauerte. Die Auseinandersetzung mit dem Vater hatte ihn innerlich wachsen lassen. Der Gang war aufrechter, die Schultern nach hinten gerichtet, so dass er freundlich in die Landschaft blickte, anstatt mit gesenktem Kopf trübsinnig zu Boden zu schauen.

Zum Vater hatte er keinen Kontakt, so wie vorher auch nicht. Jetzt gab es jedoch einen Unterschied: Die Fronten waren geklärt und er würde es sich nicht noch mal wagen am Hühnerstall aufzutauchen. Dafür war er zu deutlich gewesen und Toni hatte dies noch untermauert. Manchmal dachte Max an seine Mutter und fragte sich, was sie wohl gerade tat. Aber darauf würde er nie eine Antwort bekommen.

Langsam fing Max an, sich mit den bunten Farben wohlzufühlen. Er hatte für sich verinnerlicht, dass ein Leben nicht nur von einer Farbe bestimmt werden konnte, jedoch auch nicht außen vor gelassen werden konnte. Immer wieder versuchte er sich an farbenfrohen Eiern. Doch jedes Mal fehlte ihm etwas. Eine Art Kontrast zu dem ganzen Bunten. Unsicher fragte er Elli um Rat: „Was würdest du dazu sagen, wenn es zwischen alle den farbenfrohen Eiern auch immer mal wieder ein schwarzes geben würde?"

„Ich finde das klasse!", erwiderte sie und erklärte, „genauso wie es nicht nur schwarz bemalte Eier gibt, so gibt es auch nicht nur bunte. Beides darf seinen Platz in der Welt haben. Keiner sollte gezwungen sein nur das Eine oder Andere zu machen. Jeder darf wählen, schauen was ihm gut gefällt. Dafür braucht es manchmal Zeit, doch die lohnt sich. Du hattest deine Zeit, die du gebraucht hast, um deine Wahl zu treffen. Die Welt sollte so vielfältig wie möglich. Jedoch immer Vorausgesetzt, dass es allen gut geht. Wenn dies nicht so ist, dann bedarf es eine Veränderung. Und jeder kann einen kleinen Teil dazu beisteuern."

Max überlegte.

Er hatte seine Welt verändert.

Sie bestand jetzt nicht mehr nur aus der Farbe schwarz. Sie war bunt und farbenfroh geworden. Es war seine Entscheidung gewesen sich zu verändern. Mit Ellis Hilfe, aber auch mit der Unterstützung von Toni und Rosi, hatte er dies geschafft. Er war stolz auf seine Freunde und auch ein klein wenig auf sich selber.

Beschwingt ging Max zu seinen Farben zurück. Doch dieses Mal malte er kein rotes, grünes, gelbes oder blaues Ei. Dieses Mal bemalte er mit viel Hingabe ein schwarzes Ei und legte dies zu den anderen in einen Korb. So war das sich ihm bietende Bild perfekt.

Elli beobachtete ihn dabei, ging auf ihm zu und legte ihren Flügel in seine Pfoten und sagte:

„Und plötzlich ist da jemand! Der kippt einfach ein paar Eimer Farbe in dein Leben und macht deine Welt wieder bunt!"

Epilog

Jeder Mensch entwickelt in seinem ersten Lebensjahr ein Bindungsverhalten. Von sich aus wird Nähe zur konstanten Bezugsperson gesucht und schon nach wenigen Monaten können auch die Kleinsten zwischen vertrauten und fremden Personen unterscheiden. Klappt das gut, so werden diesem Menschen zum „sicheren Hafen" (John Bowlby, Bindungsforscher), dass Urvertrauen kann sich ausbilden.

Doch was passiert, wenn die Menschen, die sich eigentlich sorgsam, achtsam und feinfühlig kümmern sollten dies nicht tun?

Bei Max war dies der Fall. Die Situationen, die der kleine Hase erlebt hat, machen Angst. Dies aktiviert das Bindungsbedürfnis und somit auch ein „dableiben" im alten Schrecken. Er musste sich an die Situation anpassen und hat schon früh gelernt, was er vielleicht tun muss, damit für ihn alles glimpflich läuft. Jedoch gab es nie feste Regeln, an die er sich hätte orientieren können. Alles was auf ihn einprasselte war willkürlich. So wurde der Hasenvater unnahbar und unberechenbar, während Max sich als nicht liebenswert ansah.

Erst mit Hilfe von Küken Elli konnte er anfangen die Beziehung zu seiner Familie vorsichtig zu betrachten. Sie war feinfühlig, wahrte seine Nähe und seine Distanz, ging freundlich, respektvoll und wertschätzend mit ihm um. Ebenso die Henne und der Hahn. Sie wurden die wichtigsten Helfer für Max, so dass er es letztendlich schaffen konnte diese alte Bindung ein wenig aufzulösen, was ihn viel Kraft gekostet hat. Oft überlegte er, ob es falsch oder vielleicht doch richtig ist was er tut. Er war hin- und hergerissen, konnte sich nicht entscheiden. Elli hat ihn dabei begleitet, nicht losgelassen, nie gedrängt sich zu entscheiden und wäre sicherlich auch noch den einen oder anderen Umweg mit ihm gegangen, bis er dort angekommen ist, wo er heute steht.

Max hat seinen Weg gefunden sich aus dem zu lösen, was für ihn so schwierig war. Es hat gedauert, aber es hat funktioniert. Sein mutiges Hasenherz hat ihn in ein anderes Leben geführt, ihn nicht im Stich gelassen.

Eigentlich braucht jeder, der sich in solchen Bindungen befindet, eine Elli.

Vielleicht auch du?

Doch wo findest du jemanden wie Elli?

Sie muss gar nicht so weit weg sein, wie du unter Umständen befürchtest. Denn eine Elli kann sich in Nachbarn, Freunden, Mitschülern, Lehrern, Arbeitskollegen, Psychologen oder Ärzten verstecken. Mit ein wenig Aufmerksamkeit kannst du sie in solchen Menschen finden oder möglicherweise finden sie auch dich. Ja und vielleicht schlummert sie sogar in dir!

Auch dein mutiges Hasenherz kann wachsen. Gewiss hast du dich schon einmal selber übertroffen und warst erstaunt, woher die plötzliche Furchtlosigkeit kam. Versuch weiter tapfer zu sein. Lass deine Träume und Hoffnung nicht los oder dir einreden, dass sie oder du nichts wert seid.

Vertrau deinem mutigen Hasenherz und finde deine Elli!

Zur Autorin

Hallo liebe Leser und Leserinnen,

Ich bin Dörte Leuchtmann und wurde 1988 in Niedersachsen geboren.

Es freut mich, dass du dich für mein Buch interessierst. Wenn ich nicht gerade schreibe, dann bin ich gerne mit meinem Hund Fips unterwegs, am liebsten wenn die Sonne scheint. Wenn dann noch mein Partner, der so fleißig lektoriert, mit an meiner Seite ist, wird der Tag perfekt.

Mein berufliches zu Hause habe ich in der Traumazentrierten Fachberatung gefunden. Dort kann ich Menschen auf ihrem individuellen Lebensweg unterstützen.

In Ruhe gelassen werden

In Ruhe gelassen werden beinhaltet 9 Übungen für das eigene Wohlbefinden. Häufig besteht der Traum auf eine einsame Insel auszuwandern, um so aus der alltäglichen Hektik auszubrechen. Dieser Traum kann mit den beschriebenen Übungen schon wahr werden.

Du entfliehst dem Stress, tust dir etwas Gutes und lässt für einen kurzen Moment die Seele baumeln. Mit der Aktivierung deiner Ressourcen kannst du gestärkt im Alltag bestehen.

Paperback: 56 Seiten

ISBN-13: 978-3-7431-6454-3

Hoffnungsfunke

Hoffnungsfunke beinhaltet Kurzgeschichten, die das Leben einer jungen Frau zwischen Fantasie und Wirklichkeit beschreibt. Lotta nimmt dich mit in eine Welt voller Erzählungen. In ihrer Fantasie reist du mit ihr in ferne Länder oder begegnest einem Schmetterling, der sein zu Hause sucht.

In den Geschichten, die der Wirklichkeit entsprangen, begleitest du Lotta an die dunklen Orte ihrer Vergangenheit. Tauche ein in eine andere Welt und schwebe zwischen zwei Leben aus Fantasie und Wirklichkeit.

Paperback 184 Seiten

ISBN-13: 978-3-7448-9399-2

Resilienz –Bergsteigen für die Seele

 Mit der Wanderung zu mehr Resilienz im Alltag stärkst du dein persönliches Wohlbefinden. Darüber hinaus hast du die Möglichkeit deine eigenen Fähigkeiten zu entdecken. Schulter deinen Rucksack und begebe dich noch heute auf die Bergwanderung für deine Seele.

Dieses Buch enthält ein individuelles Resilienzkonzept, welches nicht nur einzeln, sondern auch im Rahmen von psychoedukativen Gruppen seine Anwendung finden kann.

Paperback 184 Seiten

ISBN-13: 978-3744888806

Lese, wenn...:

Ein Mut - mach - Buch für Wichtel wie du und ich

 Wenn das Leben voller Herausforderungen steckt, dann kann es helfen, aufrecht und mit Blick nach vorne weiterzumachen. Dieses Buch kann dich in manchen Lebenslagen unterstützen. Begleite in den Lese - wenn - Geschichten einen Wichtel durch sein alltägliches Labyrinth aus kleinen und großen Herausforderungen.

Paperback 136 Seiten

ISBN-13: 978-3748142003

Alle Bücher sind bei Books on Demand erschienen